FLOWER DESIGNS
IN JAPAN
1986-1987

日本のフラワーデザイン

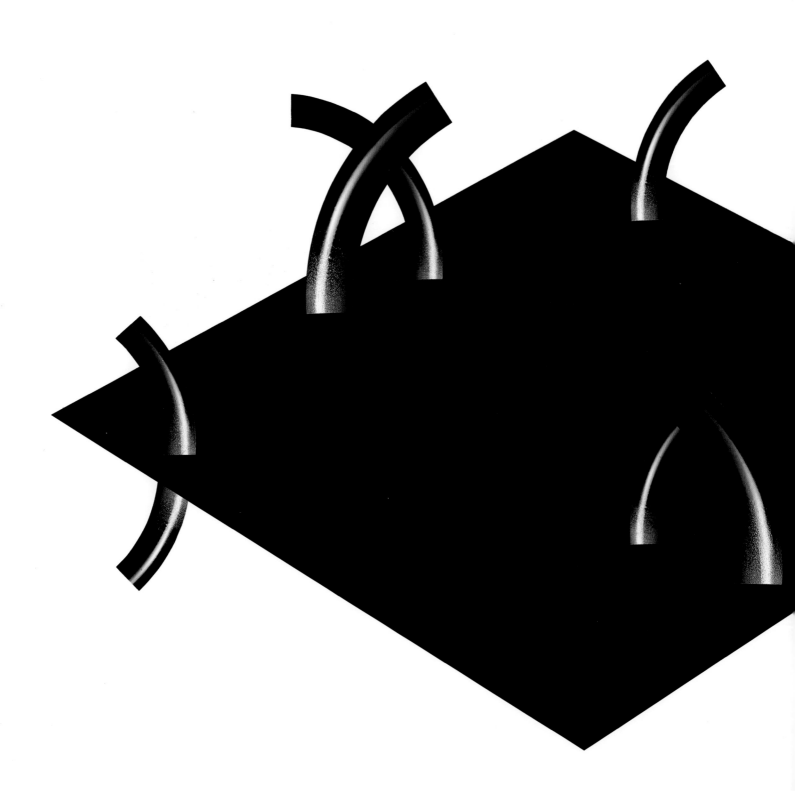

FLOWER DESIGNS
IN JAPAN
1986-1987

日本のフラワーデザイン

六耀社

目次

作品パートI:コンクール部門────────6

作品パートII:ノミネート部門────────150

特集:日本花文化の基層・湯浅浩史────────214

花に、植物の中に息づいている日本の文化を探る

審査評────────244

コンクール部門作家リスト────────250

ノミネート部門作家リスト────────254

フォトグラファーリスト────────256

後記────────262

CONTENTS

Works PART I:Open Application────────6

Works PART II:Nominated Designers────150

Special Feature────────214

The Base of Flower Culture in Japan by Hiroshi Yuasa

A search for Japanese culture breathing in flowers and plants

Comment────────244

Designers List of open application────250

Nominated designers list────────254

Photographers list────────256

Postscript────────262

日本のフラワーデザイン賞は
1980年に制定され、公募作品
の中で特にすぐれた作品に対
し、社団法人日本フラワーデ
ザイナー協会と、株式会社六
耀社が贈賞するものです。——
◎
The Japan Flower De-
sign Awards were es-
tablished in 1980, to be
presented to superior
works in the field, by
Nippon Flower Desig-
ners Association and
Rikuyosha Publishing,
Inc.

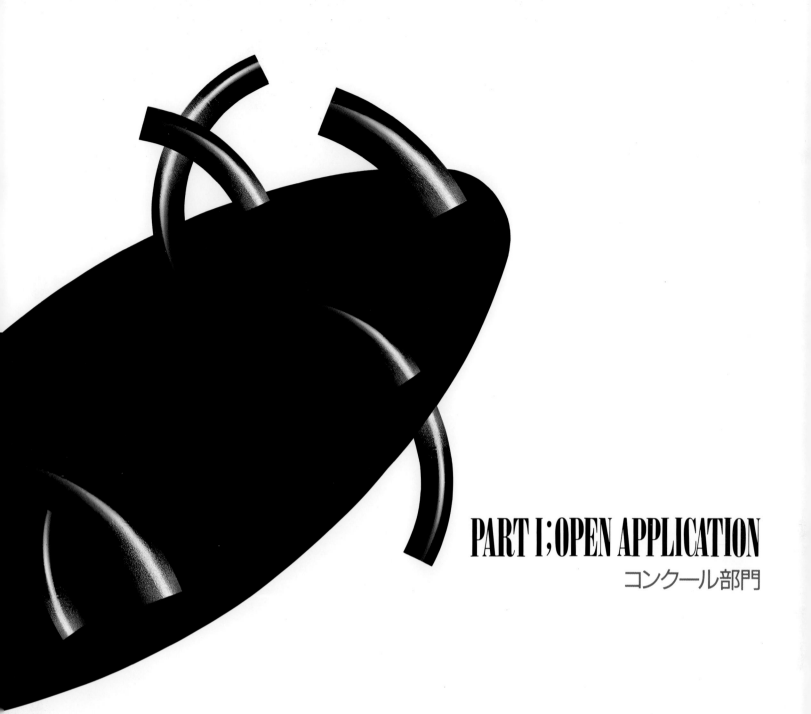

PART I ; OPEN APPLICATION
コンクール部門

SECOND PLACE
日本のフラワーデザイン賞
優秀賞

◎1
created blossom part II
◎
工藤愛子————————designer
福田匡伸————————photographer
アートフラワー/パン粘土
◎
作ることの諸々の拘りと造り~創って
ゆきたい気持の表現である。
created blossom part II
◎
aiko kudo————————designer
masanobu fukuda
————————photographer
fabric flowers/flour clay
◎
An expression of desire for
creation, and various kinds
of adherence to making
things.

SECOND PLACE
日本のフラワーデザイン賞
優秀賞

◎2
ざわめき
◎
にしいたかこ————designer
深見守男————photographer
rustles
◎
takako nishii————designer
morio fukami–photographer

SECOND PLACE
日本のフラワーデザイン賞
優秀賞

◎3
「はーい、整列!」
◎
雨笠雅博—————designer
惟村雅幸—————photographer
line up!
◎
masahiro amagasa-designer
masayuki koremura
—————photographer

THIRD PLACE
日本のフラワーデザイン賞

◎4
fantastic interior
◎
岡 桂子———————designer
福田匡伸———————photographer
◎
ガラス器内部の空間におけるオート
マティズムと花と光との融合によるイン
テリアとしての花の楽しみ方の一提
案。

fantastic interior
◎
keiko oka———————designer
masanobu fukuda
———————photographer
◎
A proposal to enjoy flowers
as an interior decoration by
harmonizing automatism of
the inner space of the glass-
ware with flowers and rays.

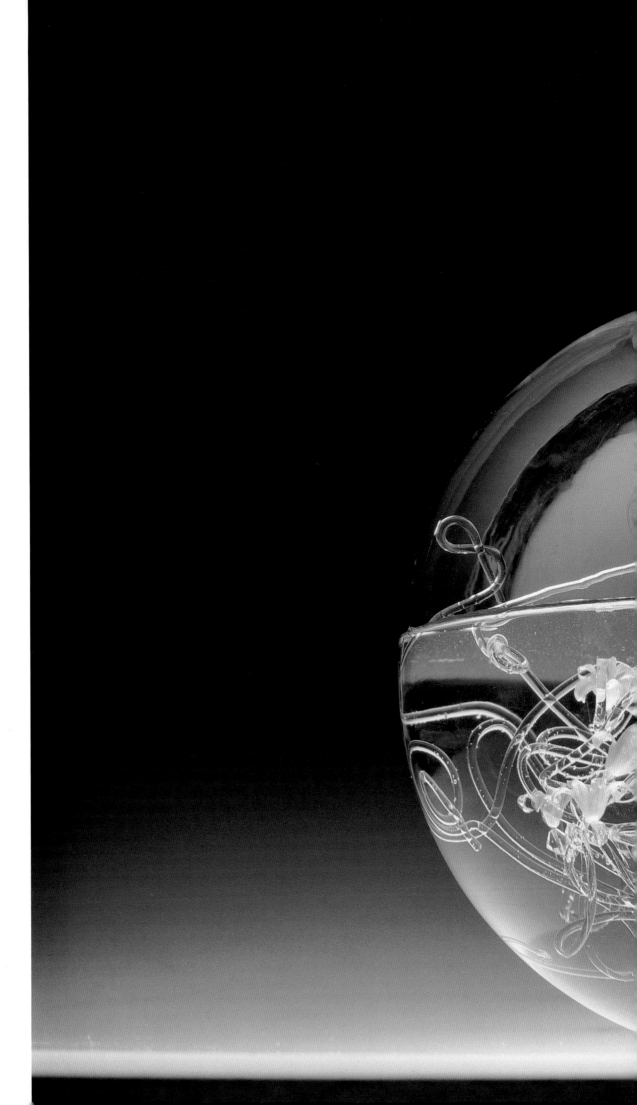

◎5
ふくら
◎
なかむらふみ―――――designer
中川幸夫―――――vase producer
福田匡伸―――――photographer
puffy
◎
fumi nakamura―――designer
yukio nakagawa
―――――vase producer
masanobu fukuda
―――――photographer

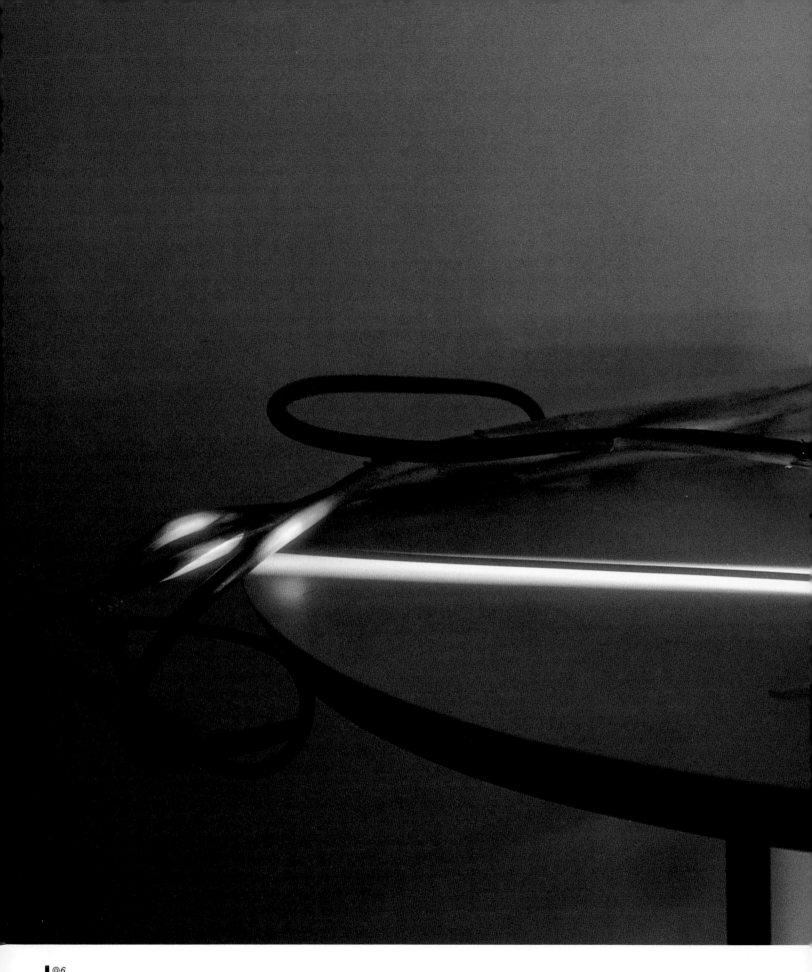

◎6
ケイ
茎
◎
齋藤宏美―――――designer
福田匡伸―――photographer
stalk
◎
hiromi saito――――designer
masanobu fukuda
――――photographer

◎7
光
◎
齋藤宏美────── designer
福田匡伸────── photographer
light
◎
hiromi saito────── designer
masanobu fukuda
────── photographer

◎8
葩
◎
齋藤宏美────── designer
福田匡伸────── photographer
flower
◎
hiromi saito────── designer
masanobu fukuda
────── photographer

7

光
◎
齋藤宏美
福田匡伸
light
◎
hiromi saito
masanobu fukuda

葩
◎
齋藤宏美
福田匡伸
flower
◎
hiromi saito────── designer
masanobu fukuda
────── photographer

8

◎9
大山蓮
◎
齋藤宏美――――designer
福田匡伸――――photographer
oyama magnolia
◎
hiromi saito――designer
masanobu fukuda
――――photographer

◎10
啓蟄
◎
なかむらふみ————————designer
井上幸春——package designer
福田匡伸————————photographer
◎
箱をやぶって這い出す様は、あたか
も春を待ちかねて土中より顔を出す
虫の様子である。
quickening of spring
◎
fumi nakamura——designer
yukiharu inoue
————————package designer
masanobu fukuda
————————————photographer
◎
The flowers creeping out of
a box seem as if they are
worms coming out of the
soil impatiently waiting for
the arrival of spring.

THIRD PLACE
日本のフラワーデザイン賞

◎11
無題
◎
日下恒子——————designer
仙台アートプロフィール
————————photographer
no title
◎
tsuneko kusaka——designer
sendai art profile
————————photographer

◎12
水彩
◎
谷口貞子————designer
早川信久/パラオダイビングスクール
————collaborator
鈴木美幸————photographer
◎
水に似あうあじさいを水の中にもど
し、中からのぞいてみた。
watercolor
◎
teiko taniguchi——designer
nobuhisa hayakawa/palau
diving school—collaborator
miyuki suzuki—photographer
◎
A hydrangea seems well
becoming to water in the
water tank.

◎13
花手まり
◎
なかやまれいこ―――designer
高橋哲夫―――photographer
a flower handball
◎
reiko nakayama―――designer
tetsuo takahashi
―――photographer

◎14
奏
◎
松井富美子―――designer
風間耕二―――photographer
a melody of nature
◎
tomiko matsui―――designer
koji kazama―photographer

14

◎15
生命―希望
◎
田宮佼子―――designer
福田匡伸―――photographer
life―hope
◎
koko tamiya―――designer
masanobu fukuda
―――photographer

15

◎16
別れ―涙
◎
たむらなおこ――――designer
関 英治――――photographer
separation―tears
◎
naoko tamura――designer
eiji seki――photographer

18

◎17
雪の木
◎
山口慶子―――――designer
浅井佳代子―――photographer
a snow tree
◎
keiko yamaguchi―designer
kayoko asai―photographer

◎18
タイムトラベラ
◎
井上恵美子―――――designer
吉成守久―――――photographer
a time traveler
◎
emiko inoue―――designer
morihisa yoshinari
―――――photographer

THIRD PLACE
日本のフラワーデザイン賞

◎19
sakura
◎
山口慶子————————designer
浅井佳代子——photographer
sakura
◎
keiko yamaguchi—designer
kayoko asai—photographer

◎*20*
ライト・テーブル
◎
三木三枝子————*designer*
加賀慎二————*photographer*
light table
◎
mieko miki————*designer*
shinji kaga————*photographer*

みなぎる命

◎21
みなぎる命
◎
川嶋洋子————————designer
なかむらふみ————vase producer
福田匡伸————————photographer
life brimful of vigor
◎
yoko kawashima—designer
fumi nakamura
————————vase producer
masanobu fukuda
————————photographer

◎22
野ばら
◎
雨宮明夫————designer
福田匡伸————photographer
wild roses
◎
akio amamiya————designer
masanobu fukuda
————photographer

◎23
霞
カ
◎
齋藤宏美————————designer
高橋 榮————photographer
mist
◎
hiromi saito————designer
sakae takahashi
————————photographer

◎24
しみる
◎
齋藤宏美————designer
福田匡伸————photographer
pierce
◎
hiromi saito————designer
masanobu fukuda
————photographer

◎25
カーオブザイヤー
◎
梶 登士彦—————————designer
高村 規—————————photographer
a car of the year
◎
toshihiko kaji—————designer
tadashi takamura
—————————photographer

26 ◎26
セネガルの神
◎
波川眞澄—————————designer
高村 規—————————photographer
god of senegal
◎
masumi namikawa
—————————designer
tadashi takamura
—————————photographer

◎27
浮遊花
◎
藤井みほ子—————————designer
松本寛明—————————photographer
floating flowers
◎
mihoko fujii—————————designer
hiroaki matsumoto
—————————photographer

◎28
フォーシーズン
◎
工藤愛子————————designer
日暮芳郎————————art director
岩村秀郷————————photographer
中央信託銀行————————client
アートフラワー
◎
クライアントの〝花咲く利率〟という
テーマのポスター用写真である。
全てロケ現場での組立てである。
four seasons

aiko kudo————————designer
yoshiro higurashi
————————art director
hidesato iwamura
————————photographer
the chuo trust & banking
co., ltd.————————client
fabric flowers
◎
An arrangement for a poster
of a bank. Assembled at the
location site.

THIRD PLACE
日本のフラワーデザイン賞

◎29
夜桜
◎
佐伯陽子————————designer
宅島正二————————photographer
◎
夜空に咲く桜をシンプルに表現。鉄板に錆を作り、そめいよしのの淡いピンクと組合せた。
cherry blossom at night
◎
yoko saeki————————designer
shoji takushima
————————photographer
◎
A cherry tree blooming at night is simply expressed by a combination of pale pink cherry flowers and a rusted iron plate.

31

◎ *31*
めざめ
◎
宮田美江 ──────── *designer*
川田捷介 ──────── *photographer*
awakening
◎
yoshie miyata ──── *designer*
katsusuke kawada
──────── *photographer*

◎ *30*
まあるい心
◎
初田照江 ──────── *designer*
戸原伸一 ──────── *photographer*
ドライフラワー
a round mind
◎
terue hatsuda ──── *designer*
shin'ichi tohara
──────── *photographer*
dried flowers

32

◎*32*
mugen
◎
藤井時男───────*designer*
松本寛明───────*photographer*
fantasy
◎
tokio fujii───────*designer*
hiroaki matsumoto
───────*photographer*

◎*33*
ちょっとおしゃべり
◎
松橋ヒデ子───────*designer*
米内安芸───────*photographer*
chattering for a moment
◎
hideko matsuhashi-*designer*
aki yonai───────*photographer*

THIRD PLACE
日本のフラワーデザイン賞

◎34
白のバランス
◎
佐野こおこ─────designer
吉成守久─────photographer
balance of white
◎
koko sano─────designer
morihisa yoshinari
─────photographer

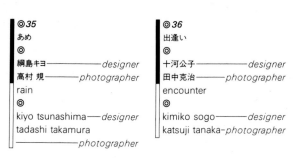

◎35
あめ
◎
綱島キヨ————————designer
高村 規————————photographer
rain
◎
kiyo tsunashima——designer
tadashi takamura
————————photographer

◎36
出逢い
◎
十河公子————————designer
田中克治————————photographer
encounter
◎
kimiko sogo——————designer
katsuji tanaka-photographer

36

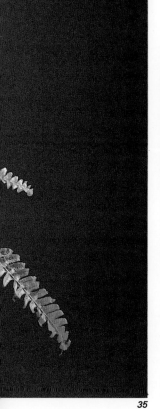

35

38

37 39

◎*39*
幻
◎
中森浩明————*designer*
堀尾紫風————*photographer*
phantoms
◎
hiroaki nakamori—*designer*
shifu horio——*photographer*

41

◎**40**
フランドルの花Ⅰ
◎
雨宮明夫————————designer
福田匡伸————————photographer
flowers of flanders Ⅰ
◎
akio amamiya————designer
masanobu fukuda
————————photographer

◎**41**
フランドルの花Ⅱ
◎
雨宮明夫————————designer
高村 規————————photographer
flowers of flanders Ⅱ
◎
akio amamiya————designer
tadashi takamura
————————photographer

◎42
無題
◎
堺 稲波————————designer
高村 規————————photographer
no title
◎
touha sakai————————designer
tadashi takamura
————————photographer

42

43

◎43
無題
◎
堺 稲波―――――designer
高村 規―――――photographer
no title
◎
touha sakai―――designer
tadashi takamura
―――――photographer

44

◎ *44*
春燈
◎
板橋健子————————*designer*
高橋吉勝————————*photographer*
自作雲龍和紙シェード使用
a light in spring
◎
takeko itabashi——*designer*
yoshikatsu takahashi
————————————*photographer*
self-made lamp shade

◎45
相対する時
◎
佐藤久美————designer
佐藤 茂————photographer
time to face each other
◎
hisami sato————designer
shigeru sato—photographer

45

◎46
根
◎
田子千代美————designer
関 英治————photographer
フレッシュ/ドライフラワー
roots
◎
chiyomi tago————designer
eiji seki————photographer
natural flowers/dried flowers

46

THIRD PLACE
日本のフラワーデザイン賞

◎*47*
ファンタジー
◎
柴垣勝子—————designer
松山高治—————photographer
自作鏡面フィルムオブジェ
fantasy
◎
masako shibagaki—designer
takaharu matsuyama
—————————photographer
object, metallic film (self-made)

71

48

◎*48*
ヘリオトロープをあなたに
◎
星野好美—————*designer*
福田匡伸————*photographer*
heliotrope to you
◎
yoshimi hoshino—*designer*
masanobu fukuda
————————*photographer*

◎*49*
5月のテーブルセッティング−清流
◎
加藤幸子—————*designer*
福田匡伸————*photographer*
◎
和食のためのテーブルセッティング。
ハナショウブの曲りで水辺に遊ぶ
鳥を表現。
table setting for may
—a limpid stream
◎
koko kato————*designer*
masanobu fukuda
————————*photographer*
◎
Table setting for a Japanese
style dinner. The curved line
of the Japanese iris express-
es birds playing by the wa-
ters.

49

◎50
森の囁
◎
大沼正吉————designer
佐藤 茂————photographer
a whispering forest
◎
masayoshi onuma-designer
shigeru sato—photographer

◎51
源氏物語
◎
大原 香―――――designer
田中孝臣―――――photographer
the tale of genji
◎
kaori ohara―――designer
takaomi tanaka
―――photographer

52

⊙52
無題
◎
川部艶江────designer
田中克治────photographer
no title
◎
tsuyae kawabe────designer
katsuji tanaka-photographer

76

53

◎*53*
原点
◎
森 美津子───────*designer*
田中克治───────*photographer*
the origin
◎
mitsuko mori───────*designer*
katsuji tanaka-*photographer*

77

◎54
スターダスト
◎
山下光子————designer
米内安芸————photographer
ドライフラワー
star dust
◎
mitsuko yamashita-designer
aki yonai————photographer
dried flowers

◎55
翔ぶ、とべ…翔べ
◎
須藤みつ————designer
川田捷介————photographer
レザーフラワー
fly, fly, fly
◎
mitsu sudo————designer
katsusuke kawada
————————photographer
leather flowers

54

55

◎56
静かなるかな
◎
山下幾世—————designer
小鹿総一————photographer
how calm it is !
◎
ikuyo yamashita——designer
soichi ojika——photographer

56

THIRD PLACE
日本のフラワーデザイン賞

◎57
十和田湖のおいらせ川
◎
八島幸子————————designer
米内安芸————————photographer
アートフラワー
the river oirase,
the lake towada
◎
sachiko yashima——designer
aki yonai————————photographer
fabric flowers

◎ *58*
街
◎
山本基代志————————*designer*
山崎 潔————*photographer*
streets
◎
kiyoshi yamamoto−*designer*
kiyoshi yamazaki
————————*photographer*

◎59
cosmic whisper
（宇宙のささやき）
◎
青野幸子————designer
大和学一————photographer
cosmic whisper
◎
yukiko aono————designer
gakuichi yamato
————photographer

◎60
時の流れ
◎
田子千代美————designer
片貝一郎————photographer
フレッシュ/ドライフラワー
passage of time
◎
chiyomi tago————designer
ichiro katagai-photographer
natural flowers/dried flowers

59

61

◎61
無題
◎
海津良子————————designer
高村 規————————photographer
no title
◎
yoshiko kaizu————designer
tadashi takamura
————————photographer

◎62
a reception day
◎
川辺美智代————designer
藤井幹夫————photographer
a reception day
◎
michiyo kawabe——designer
mikio fujii——photographer

62

◎63
オレンジ色の彼女
◎
須渕小夜子————designer
津波 裕————photographer
a girl in orange color
◎
sayoko subuchi——designer
yutaka tsunami
————photographer

◎64
無題
◎
佐藤雄喜————————designer
渡会准司————————photographer
no title
◎
yuki sato————————designer
junji watarai—photographer

63

64

THIRD PLACE
日本のフラワーデザイン賞

◎65
朽(クチ)と生(セイ)
◎
なかむらふみ————designer
福田匡伸————photographer
◎
いのちある物は朽ちて土にもどり、また新しい生命の源になる。土、くさったざくろ、カキツバタの葉、鉄サビでその移り変わりの美しさを表現した。
decay and life
◎
fumi nakamura————designer
masanobu fukuda
————photographer
◎
Every living thing rots to become soil, thus the source of a new life. The soil, a rotten fruit of pomegranate, a leaf of rabbitear iris, and rusted iron show the beauty of life's cycle.

◎66
雨あがりの歩道
◎
高木芳江————designer
なかむらふみ——vase producer
福田匡伸————photographer
a footpath after rain
◎
yoshie takagi——designer
fumi nakamura
————vase producer
masanobu fukuda
————photographer

◎67
詩人のメロディー
◎
倉掛千鶴子————designer
長峰重良————photographer
melody of a poet
◎
chizuko kurakake—designer
shigeyoshi nagamine
————photographer

67

66

◎*68*
カントリー・ロード
◎
古郡博子————*designer*
松山 均————*photographer*
ドライフラワー
country road
◎
hiroko furugori——*designer*
hitoshi matsuyama
————*photographer*
dried flowers

◎69
森の交響曲
◎
内山智恵————designer
田中孝臣————photographer
a symphony of a forest
◎
chie uchiyama————designer
takaomi tanaka
————photographer

69

◎**70**
バブル ラプソディ
◎
渡辺智恵子————designer
髙村 規————photographer
bubbles' rhapsody
◎
chieko watanabe—designer
tadashi takamura
————photographer

◎**71**
フラワーケーキでおもてなし
◎
なかやまれいこ————designer
高橋哲夫————photographer
entertaining with
a flower cake
◎
reiko nakayama—designer
tetsuo takahashi
————photographer

THIRD PLACE
日本のフラワーデザイン賞

◎72
メロディーのあそび
◎
岡 範子————————designer
田中克治————————photographer
フレッシュ/ドライフラワー
play of melodies
◎
noriko oka————————designer
katsuji tanaka-photographer
natural flowers/dried flowers

◎73
無題
◎
副島三煌————designer
井上 一————photographer
◎
オリジナルステンドグラスの色と空
間を重点に。
no title
◎
sanko soejima————designer
hajime inoue–photographer
◎
The color and space of a
vase made of stained glass
are attractively treated.

74

◎74
胎動
◎
高橋磨佐枝————————designer
酒井子遠————base producer
三村和能————photographer
発泡スチロール————base
quickening
◎
masae takahashi——designer
shion sakai—base producer
kazuyoshi mimura
————————photographer
styrofoam————base

◎75
野火
◎
畑硝岩冨士子————designer
尾沢直教————photographer
field fire
◎
fujiko enshoiwa——designer
naonori ozawa
————photographer

◎76
無題
◎
坂本千恵子————designer
高村 規————photographer
no title
◎
chieko sakamoto—designer
tadashi takamura
————photographer

◎77
無題
◎
泉 玲子————designer
高村 規————photographer
no title
◎
reiko izumi————designer
tadashi takamura
————photographer

◎*78*
ホガース・ライン
◎
広瀬理紗————*designer*
福田匡伸————*photographer*
hogarth line
◎
risa hirose————*designer*
masanobu fukuda
————*photographer*

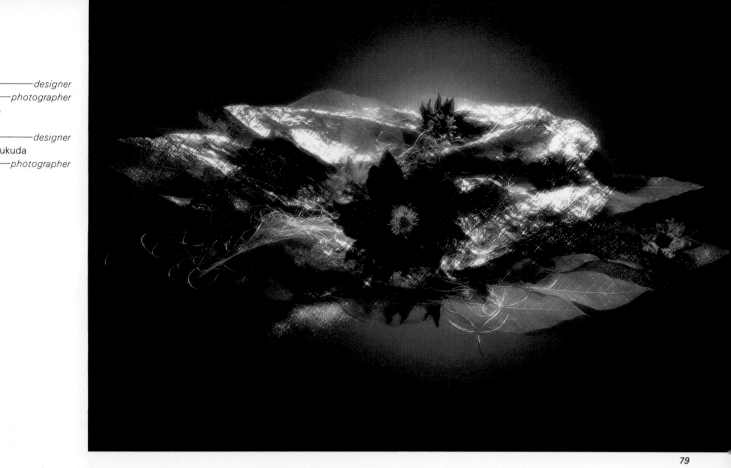

79

◎*79*
光と影の花たち
◎
工藤順子————*designer*
米内安芸————*photographer*
アートフラワー
flowers of light and shade
◎
junko kudo————*designer*
aki yonai————*photographer*
fabric flowers

◎*80*
ガンダーラへの旅
◎
渡辺智恵子————*designer*
高村 規————*photographer*
travel to gandhara
◎
chieko watanabe—*designer*
tadashi takamura
————*photographer*

80

◎*81*
翔
◎
松橋ヒデ子————————*designer*
米内安芸————————*photographer*
ドライフラワー
flight
◎
hideko matsuhashi-*designer*
aki yonai————*photographer*
dried flowers

◎82
新緑
◎
佐藤洋子————designer
大坂敬志————photographer
fresh green
◎
yoko sato————designer
keishi osaka—photographer

◎83
feeling
◎
青野幸子————designer
高野浩二————photographer
feeling
◎
yukiko aono————designer
koji takano—photographer

◎84
念（おもい）
◎
初田照江————————designer
戸原伸一————————photographer
アートフラワー
feeling
◎
terue hatsuda————designer
shin'ichi tohara
————————photographer
fabric flowers

◎85
律
◎
山崎克子―――――designer
川田捷介―――――photographer
a rhythm
◎
katsuko yamazaki―designer
katsusuke kawada
―――――photographer

◎86
春を額にして
◎
くれじゅんこ――――designer
呉 正和―――――photographer
spring in a tablet
◎
junko kure―――designer
masakazu kure
―――――photographer

◎87
深山のかがやき
◎
岸 妙子――――designer
大道治一―――photographer
brilliance of the deep
mountains
◎
taeko kishi――――designer
jiichi omichi―photographer

85

◎88
燦
◎
鈴木和信————————designer
渡会准司————————photographer
brilliance
◎
kazunobu suzuki—designer
junji watarai—photographer

◎*89*
花の語らい
◎
増成登志子─────*designer*
岸 允信─────*photographer*
アメリカンフラワー
talking of flowers
◎
toshiko masunari─*designer*
masanobu kishi
─────*photographer*
dipped flowers

89

90

◎*90*
初夏のひととき
◎
中森浩明─────*designer*
堀尾紫風─────*photographer*
a moment in early summer
◎
hiroaki nakamori─*designer*
shifu horio──*photographer*

◎91
午後の陽射
◎
北村佳代————designer
なかむらふみ——vase producer
福田匡伸————photographer
the afternoon sun
◎
kayo kitamura——designer
fumi nakamura
————vase producer
masanobu fukuda
————photographer

◎92
夕ぐれの窓辺にて
◎
松岡須磨子—————designer
高濱洋子—————photographer
the window-side at twilight
◎
sumako matsuoka–designer
yoko takahama
—————photographer

92

93

◎*93*
誕生−新しい旅立ち
◎
田宮佼子─────*designer*
福田匡伸─────*photographer*
birth−new departure
◎
koko tamiya─────*designer*
masanobu fukuda
─────*photographer*

◎94
無題
◎
三木三枝子—————*designer*
加賀慎二—————*photographer*
no title
◎
mieko miki—————*designer*
shinji kaga—————*photographer*

95

◎95
静と動のセレナーデ
◎
日置千代 —————— designer
野呂希一 —————— photographer
a serenade of serenity and
motion
◎
chiyo hioki————designer
kiichi noro——photographer

◎96
ハレー彗星
◎
副島三煌————————designer
井上 一————————photographer
halley's comet
◎
sanko soejima————designer
hajime inoue–photographer

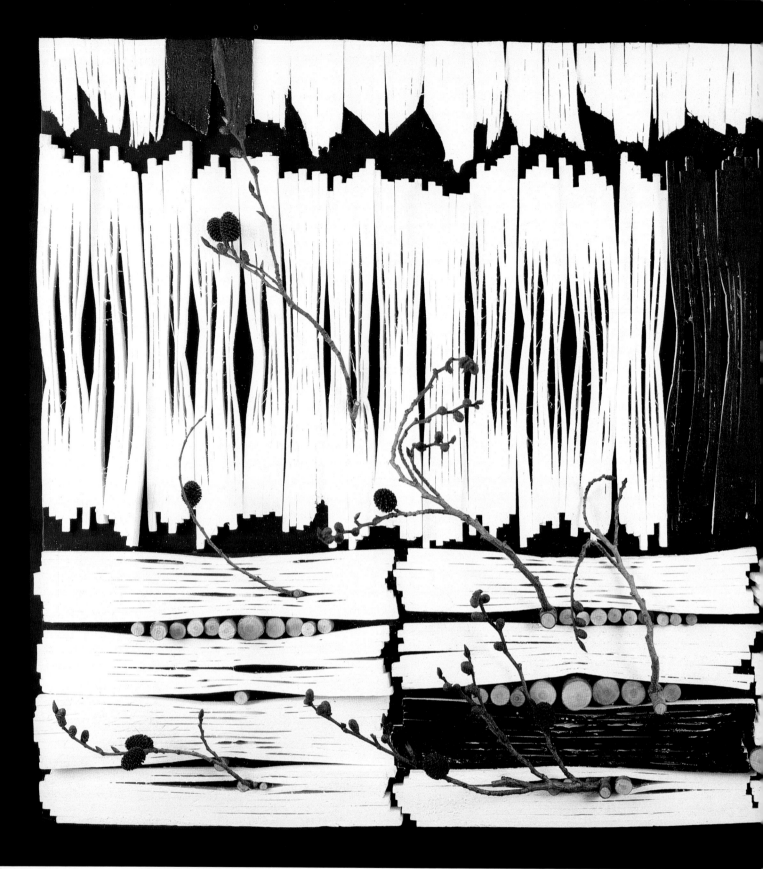

◎97
レリーフ―風の詩
◎
高橋磨佐枝―――designer
伏見晃一―――photographer
ドライフラワー
スチレンペーパー―――base
relief―a poem of breeze
◎
masae takahashi―designer
koichi fushimi
―――photographer
dried flowers
styren paper―――base

98

◎98
順列
◎
岩橋康子―――designer
越智登志正―――photographer
linear arrangement
◎
yasuko iwahashi―designer
toshimasa ochi
―――photographer

◎*99*
life
◎
伊藤昌代————————*designer*
高倉久美子————*photographer*
life
◎
masayo ito————————*designer*
kumiko takakura
————————————*photographer*

◎*100*
風の祝祭
◎
松井富美子————————*designer*
風間耕二————————*photographer*
ドライフラワー
a fete of wind
◎
tomiko matsui————*designer*
koji kazama—*photographer*
dried flowers

◎101
端午
◎
なかやまれいこ——designer
小椋たかし——photographer
the boy's festival
◎
reiko nakayama——designer
takashi ogura-photographer

◎102
お年賀
◎
橋本美知———————designer
大隈剛芳——————photographer
the new year's greetings
◎
michi hashimoto—designer
takeyoshi okuma
————————photographer

◎103
節句
◎
ブツガン希美代————designer
奥野利郎———photographer
the doll's festival
◎
kimiyo butsugan—designer
toshiro okuno-photographer

◎*104*
created blossom part I
◎
工藤愛子—————————*designer*
岩村秀郷—————————*photographer*
アートフラワー/パン粘土
created blossom part I
◎
aiko kudo—————————*designer*
hidesato iwamura
—————————————*photographer*
fabric flowers/flour clay

©105
動
◎
中家匠海―――――designer
目黒樹雲―――――photographer
㈱センゾウウインドウディスプレイ
motion
◎
takumi nakaya――designer
jun meguro――photographer
senzo inc. window display

◎107
merry x'mas
◎
中家匠海————designer
目黒樹雲——photographer
シンチューワイヤーメッシュ
㈱センゾウウインドウディスプレイ
merry x'mas
◎
takumi nakaya——designer
jun meguro—photographer
brass wire net
senzo inc. window display

◎106
静
◎
中家匠海─────────*designer*
目黒樹雲───────*photographer*
ドライフラワー
㈱センゾウインドウディスプレイ
quietness
◎
takumi nakaya──────*designer*
jun meguro──*photographer*
dried flowers
senzo inc. window display

THIRD PLACE
日本のフラワーデザイン賞

◎108
無題
◎
河合正人————designer
久留幸子————photographer
◎
花嫁衣裳の豪華さに負けないように、あやしげに。
no title
◎
masato kawai————designer
sachiko kuru—photographer
◎
Witchery to compete with the splendor of a wedding dress.

◎109
ファッションコーナーのディスプレイ
◎
吉井ゆ可里————designer
studio nob——photographer
◎
阪急百貨店フラワーフェスティバ
ル・フラワーアレンジメント50選出
展作品
a display for a fashion corner
◎
yukari yoshii————designer
studio nob——photographer
An entry to the 50 Selected
Works for Flower Festival
and Flower Arrangement by
Hankyu Dept. Store

◎111
潤いのダイニング
◎
岸 妙子————designer
studio nob——photographer
◎
阪急百貨店フラワーフェスティバ
ル・フラワーアレンジメント50選出
展作品
a relaxing dining room
◎
taeko kishi————designer
studio nob——photographer
◎
An entry to the 50 Selected
Works for Flower Festival
and Flower Arrangement by
Hankyu Dept. Store

109

◎110
カブキ
◎
ブツガン希美代————designer
studio nob——photographer
◎
阪急百貨店フラワーフェスティバ
ル・フラワーアレンジメント50選出
展作品
kabuki
◎
kimiyo butsugan——designer
studio nob——photographer
◎
An entry to the 50 Selected
Works for Flower Festival
and Flower Arrangement by
Hankyu Dept. Store

110

◎112
魅惑のブローニュ
◎
木村右子—————designer
studio nob—photographer
◎
阪急百貨店フラワーフェスティバ
ル・フラワーアレンジメント50選出
展作品
enchanting boulogne
◎
yuko kimura————designer
studio nob—photographer
◎
An entry to the 50 Selected
Works for Flower Festival
and Flower Arrangement by
Hankyu Dept. Store

112

◎113
無題
◎
矢倉多都留————designer
studio nob————photographer
◎
阪急百貨店フラワーフェスティバ
ル・フラワーアレンジメント50選出
展作品
no title
◎
tazuru yakura————designer
studio nob————photographer
◎
An entry to the 50 Selected
Works for Flower Festival
and Flower Arrangement by
Hankyu Dept. Store

113

◎114
春です。花です。
◎
田中美千代───────designer
studio nob─photographer
◎
阪急百貨店フラワーフェスティバ
ル・フラワーアレンジメント50選出
展作品
spring! a season of flowers!
◎
michiyo tanaka──designer
studio nob─photographer
◎
An entry to the 50 Selected
Works for Flower Festival
and Flower Arrangement by
Hankyu Dept. Store

◎115
黄色い幻想
◎
中西葉子───────designer
studio nob─photographer
◎
阪急百貨店フラワーフェスティバ
ル・フラワーアレンジメント50選出
展作品
yellow illusion
◎
yoko nakanishi──designer
studio nob─photographer
◎
An entry to the 50 Selected
Works for Flower Festival
and Flower Arrangement by
Hankyu Dept. Store

◎116
マッス
◎
丸本池鶴───────designer
studio nob─photographer
◎
阪急百貨店ディスプレイ
mass
◎
chizuru marumoto-designer
studio nob─photographer
◎
Display for Hankyu Dept.
Store

115

◎118
marine bouquet
◎
菱田美子————designer
近藤英樹————photographer
アメリカンフラワー
a marine bouquet
◎
yoshiko hishida——designer
hideki kondo—photographer
dipped flowers

◎117
初夏のブーケ
◎
安東信子————designer
福田匡伸————photographer
◎
ブーケにあまり使われない花材で
和風調を表現。
a bouquet of early summer
◎
nobuko ando————designer
masanobu fukuda
————photographer
◎
A Japanese feel using un-
usual materials.

◎119
飛ぶ
◎
後藤勝子―――――designer
小坂 敏―――――photographer
アートフラワー
fly
◎
katsuko goto―――designer
satoshi kosaka
―――――――photographer
fabric flowers

119
120

◎120
流れ
◎
石川佳代子―――――designer
小坂 敏―――――photographer
アートフラワー
a stream
◎
kayoko ishikawa―designer
satoshi kosaka
―――――――photographer
fabric flowers

◎121
ブーケ
◎
日下恒子―――――designer
福田匡伸―――――photographer
a bouquet
◎
tsuneko kusaka―designer
masanobu fukuda
―――――――photographer

121

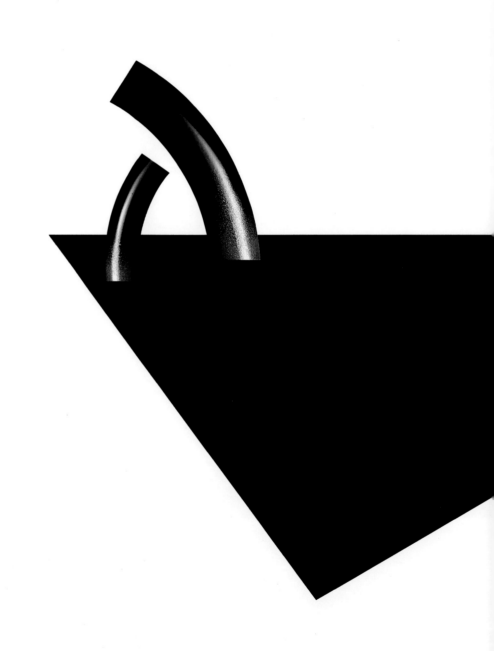

PART II;NOMINATED DESIGNERS
ノミネート部門

◎122
無題
◎
池田孝二—————designer
福田匡伸—————photographer
no title
◎
koji ikeda—————designer
masanobu fukuda
—————photographer

桑沢デザイン研究所卒。'72トップデ
ザイナーコンクールにて文部大臣賞
受賞。『L'art Des Fleurs』出版。『日
本のフラワーデザイン』『新フラワー
デザインの基礎』『Instructor's
Manual』等の企画編集を行う。テレ
ビ朝日、テレビ東京等で装飾オブジ
ェ・美術・進行を担当。(有)フルール
ノン・ノン代表取締役。

123

◎123
無題
◎
池田孝二————————*designer*
高村 規————————*photographer*
no title
◎
koji ikeda————————*designer*
tadashi takamura
————————*photographer*

◎124
無題
◎
池田孝二————————*designer*
福田匡伸————————*photographer*
no title
◎
koji ikeda————————*designer*
masanobu fukuda
————————*photographer*

◎125
無題
◎
池田孝二————————designer
福田匡伸————————photographer
no title
◎
koji ikeda————————designer
masanobu fukuda
————————photographer

◎ *126*
パール
◎
副島三煌————*designer*
井上 一————*photographer*
pearl
◎
sanko soejima————*designer*
hajime inoue–*photographer*

花はそれだけで美しい。でも、美しい花をより美しく飾れたら、どんなにすばらしいことだろう。日々の暮らしの中で、身近に花を飾ることが、どんなに心を潤し楽しくしてくれることか。そう願い、福岡で、フラワーデザイン教室を始めで20年の月日が経過した。今後とも、FDの楽しさを求めて、更に歩みを重ねてゆきたいと心から願っている。

住友商事退社後YWCA草月いけ
ばな講師を経てフローリスト三芳園
に入社、フラワーデザインの道に入
り、大阪ロイヤルホテルチーフデザ
イナーとして勤務。米国ビル・ヒクソ
ン氏に師事。この間知事賞3回、農
林蚕糸園芸局長賞、農林水産大
臣賞、'74インターフローラワールド
カップ日本代表。山下洋輔氏と"音
と花"協演。三芳園退職後堂島に教
室とフラワーショップ経営。あらゆる
ジャンルの花に挑戦中。

◎127
ファッションモデル
◎
丸本池鶴————————designer
松本寛明————————photographer
◎
新聞広告のためのデザイン。
a fashion model
◎
chizuru marumoto-designer
hiroaki matsumoto
————————photographer
◎
A design for a newspaper
advertisement.

◎128
未知
◎
丸本池鶴————————designer
松本寛明————————photographer
the unknown world
◎
chizuru marumoto-designer
hiroaki matsumoto
————————photographer

◎129
ある風景
◎
なかむらふみ————designer
福田匡伸————photographer
a scene
◎
fumi nakamura————designer
masanobu fukuda
————photographer

トータルなフラワーデザインを考えるう
えで、花器のデザイン・制作を手掛
ける。'77年パリのエアショー日本館
に作品「白」を買上げ展示。'81年
バーゼル世界原子力展日本館に
作品「餓鬼」を買上げ展示。'80年
日本のフラワーデザイン美術部門
賞受賞、'84年日本のフラワーデザ
イン賞受賞。個展7回開催、ジョイン
ト展開催。エフ・ブレーン代表。

◎ *130*
塗とけやき
◎
山本基代志————*designer*
山崎 潔————*photographer*
lacquer and zelkova
◎
kiyoshi yamamoto–*designer*
kiyoshi yamazaki
————*photographer*

NFDトップデザイナーコンペティションにて内閣総理大臣賞、花の祭典・アーティフィシャル部門にて内閣総理大臣賞ほか多数受賞。アメリカ、ヨーロッパで研修の後、日本フラワーデザインアートスクール設立。古典的なフラワーデザインと花とファッションをテーマに創作的染花を発表。フジTV、関西TV、TV西日本に数多く出演。オートクチュールデザイナーとしても活躍。日本デザイナークラブ会員。

131

山梨県立女子短期大学卒。星野好美フラワースクールにてフラワーデザインを学ぶ。現在日本ブライダルコンサルタント協会一級会員。㈲花福デザイン室長。岡桂子フローラルスタジオ主宰。'83年日本フラワーデザイン展全国花材流通協会賞、'85年日本フラワーデザイン展労働大臣賞受賞。

◎131
フランドルの花 I
◎
岡 桂子—————————designer
福田匡伸—————————photographer
flowers of flanders I
◎
keiko oka—————————designer
masanobu fukuda
—————————photographer

◎132
フランドルの花 II
◎
岡 桂子—————————designer
福田匡伸—————————photographer
flowers of flanders II
◎
keiko oka—————————designer
masanobu fukuda
—————————photographer

◎ *133*
無題
◎
久保一正───────── *designer*
高村 規──────*photographer*
no title
◎
kazumasa kubo───── *designer*
tadashi takamura
─────────*photographer*

1977年第3回インターフローラ・ワー
ルドカップ（ニース）に日本代表として
出場。1979年第4回ワールドカップで
日本ナショナル・チームのキャプテン
を務めるなど、フローリスト・デザイナー
として活動。現在、四国の高松市にて、
カトレア・フローリストを経営する。

◎134
無題
◎
久保一正————designer
高村 規————photographer
no title
◎
kazumasa kubo——designer
tadashi takamura
————photographer

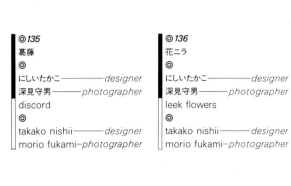

◎135
葛藤
◎
にしいたかこ――――designer
深見守男――――photographer
discord
◎
takako nishii――――designer
morio fukami-photographer

◎136
花ニラ
◎
にしいたかこ――――designer
深見守男――――photographer
leek flowers
◎
takako nishii――――designer
morio fukami-photographer

'76、'81トップデザインコンテスト入賞、'82FDコンペ近畿ブロック1位入賞、'82FDコンペ全国大会名古屋教育委員会賞、'83-'85日本FD展入賞。'83京都クラフトセンター第3回個展開催。現在、にしいたかこ花の教室主宰。西武高槻布の花とFD講師。フラワー装飾科職業訓練指導員。

136

'71よりフラワーデザインを学ぶ。現在大阪ロイヤルホテルフラワーショップチーフデザイナーとしてホテル装飾、撮影用花等を制作。そのかたわら、小山光子FDスタジオを主宰。'80トップデザイナーコンクールNFD銅賞、'82フラワーデザインコンペ近畿大会大阪代表。'83フラワーフェスティバル兵庫県知事賞。'83トップデザイナーコンクール入賞。'85NFD花彩3位他受賞。

137

◎ *137*
キスしてほしかったんだ
◎
小山光子————————*designer*
広瀬唯二————————*photographer*
i wanted you to kiss me
◎
mitsuko koyama——*designer*
yuji hirose——*photographer*

◎ *138*
4分休符
◎
小山光子————————*designer*
広瀬唯二————————*photographer*
♪-a quarter pause
◎
mitsuko koyama——*designer*
yuji hirose——*photographer*

138

フレッシュフラワーを主としてフラワーデザイン教室、フローリスト、その他の講師として現在に至る。ユリフラワー本部講師。ユリフラワー服部教室主宰。アルファージャパン講師。'85年日本花卉生産協会賞、日本生花協会賞受賞。

◎ 139
無題
◎
服部愛子───────*designer*
高村 規───────*photographer*
no title
◎
aiko hattori──────*designer*
tadashi takamura
　　　　　　　　photographer

◎ 140
無題
◎
服部愛子───────*designer*
高村 規───────*photographer*
no title
◎
aiko hattori──────*designer*
tadashi takamura
　　　　　　　　photographer

140

139

1978年リサ・フラワーアカデミー創
立、現在に至る。1981年NFDフラ
ワーデザインコンペティション労働
大臣賞受賞。1982年フラワーデザ
インの新世代展出品。1984年NFD
日本フラワーデザイン展指名作家
部門出品。

142

143

◎ *141*
無題
◎
広瀬理紗——————designer
福田匡伸——————photographer
no title
◎
risa hirose——————designer
masanobu fukuda
——————photographer

◎ *142*
小さな花-partⅢ
◎
広瀬理紗——————designer
カール・シュミット-vase producer
田島 昭——————photographer
petite flowers-partⅢ
◎
risa hirose——————designer
karl schmidt-vase producer
akira tajima——photographer

◎ *143*
小さな花-partⅤ
◎
広瀬理紗——————designer
田島 昭——————photographer
petite flowers-partⅤ
◎
risa hirose——————designer
akira tajima——photographer

◎144
雷鳴
◎
佐納和彦―――――designer
高村 規―――――photographer
thunder
◎
kazuhiko sano―――designer
tadashi takamura
―――――photographer

米国バーバンクスクールオブフロー
ラルデザイン、仏国コンスタンチヌスフ
ローラルアートスクール卒。日本フラワ
ーデザインアートセミナー主宰。第3
回NFDコンクール1位。各地のFD
スクールや、生花市場のFD講師を
担当。また、(社)国際文化協会主催
ミスインターナショナル世界大会の舞
台装飾など幅広く活躍中。『暮らしを
豊かにいろどる創作花、花は心のフォ
トグラフィー』

146

◎145
無題
◎
星野好美————————designer
福田匡伸————————photographer
no title
◎
yoshimi hoshino—designer
masanobu fukuda
————————photographer

◎146
エレベーターホールのディスプレイ
◎
星野好美————————designer
丸山 勇————————photographer
東京全日空ホテル————client
ドライフラワー
display for an elevator hall
◎
yoshimi hoshino—designer
isamu maruyama
————————photographer
tokyo all nippon
airways hotel————client
dried flowers

フローリストのチーフデザイナー、
Flower and Green Coordinator
として主にディスプレイおよびインテリア
の仕事をしている。東急百貨店本店、
東急勝浦ゴルフ場、田園都市線つ
くしの駅前広場、清川カントリークラブ
その他のオープニング装飾および室
内装飾を担当。東京全日空ホテルイ
ンテリアフラワー装飾を担当。プロの
フラワーデザイナー養成をメインに後
進の指導を行なっている。

◎147
無題
◎
内山ゆり———————designer
高村 規————————photographer
no title
◎
yuri uchiyama——designer
tadashi takamura
————————photographer

◎148
無題
◎
内山ゆり———————designer
高村 規————————photographer
no title
◎
yuri uchiyama——designer
tadashi takamura
————————photographer

1963年ユリフラワーデザインスクール創設。シカゴのアメリカンフローラルアートスクール卒業。パリモダンアートスクールにて研修。東南アジア諸国における講習2回、アメリカA.I.F.Dシンポジュームに参加。またホノルルでの発表会開催など海外でも幅広く活動。スクール主催フラワーショーを名古屋、大阪にて7回開催。著書『リボンフラワーとペーパーフラワー』（講談社刊）がある。

148

149

◎ *149*
無題
◎
前田世美————————*designer*
弓納持福夫————*photographer*
no title
◎
yomi maeda————*designer*
fukuo yuminoji
————————————*photographer*

◎ *150*
無題
◎
前田世美————————*designer*
福田匡伸————*photographer*
no title
◎
yomi maeda————*designer*
masanobu fukuda
————————————*photographer*

1967年マミフラワー卒業。1972年U.S.
A.ビル・ヒクソンズフラワースクール
卒業。1980年イギリスのロナ・コール
マンサロン、また、スウェーデンにおい
てグルムステルクーラン国立園芸学
校にて勉学。現在、世美・まえだフラワ
ースクール主宰。フラワー装飾技能
検定一級技能士。

◎151
miracle
◎
青野幸子————————designer
大和学一————————photographer
miracle
◎
yukiko aono————designer
gakuichi yamato
————————photographer

'67年青野幸子フラワーデザインスク
ール創立。5年間南米、アメリカに滞
在、生活の中のフラワーデザインを
修得。帰国後、地域でのフラワーデ
ザインの啓蒙と発展をめざし、17年間
市の文化行事に参加、イギリス、フラ
ンス、ベルギー、オーストリア、スイス他
で研修。スクール主催のフラワーショ
ー・作品展を、東京三井アーバンホ
テル、銀座鳩居堂、柏そごうで開く。東
京と柏を中心にフラワーデザイン指導。

◎*152*
ストラクター　　　　ブラウトシュトラウス
straktur-brautstrauss
（花嫁の花束）
◎
木下恵子————— *designer*
super studio—*photographer*
a bouquet of a bride
◎
keiko kinoshita——*designer*
super studio—*photographer*

1982年より84年、85年とWAFAイ
ンターナショナルコース及び世界大
会出席。ドイツフローリスト専門家協
会インターナショナルコース修了、マ
イスターコースゲスト、フランスCen-
tre d'Art Floral 他と交流。各国の
人と花の歴史、実態を知り、花の世
界を広げる一方、「私だけの花」を
創ることのできる指導を続けたい。きの
したけいこフラワースタジオを主宰。

◎153
無題
◎
上白土洋子————————designer
福田匡伸————————photographer
no title
◎
yoko kamishirado—designer
masanobu fukuda
————————photographer

国家検定一級フラワー装飾技能
士。東京都職業訓練指導員(フラ
ワー装飾科)。'83年トップデザイナー
コンクール入賞。㈱京華クラフト企画
部長。社会福祉会館講師。エコール
ドゥフルール啓主宰。

◎154
無題
◎
上白土洋子————————designer
福田匡伸————————photographer
no title
◎
yoko kamishirado—designer
masanobu fukuda
————————photographer

◎ *155*
浮遊
◎
谷口貞子————designer
浅井美光————photographer
floating
◎
teiko taniguchi——designer
yoshimitsu asai
————photographer

内山ゆり氏に師事し、後フリーデザ
イナーとして活動。'80フラワーズピッ
コロモンド設立。'85フラワースタジオ
設立。深雪アートスクール卒、東和
子ロイヤルフラワー卒、エコールドフ
ランスデコレーションフローラ卒。'70
NFD賞、'73NFD大賞、'74NFD
奨励賞、'83日本FD展入賞、'84日
本のフラワーデザイン最優秀賞、'85
日本FD展入賞。

◎*156*
ハーモニー
◎
山崎克子————————*designer*
川田捷介————————*photographer*
harmony
◎
katsuko yamazaki—*designer*
katsusuke kawada
————————*photographer*

'74年「フラワーデザイングランプリ」
金賞受賞。'75年「いけばなとフラワー
デザインの接点」個展開催。'80年
「日本のフラワーデザイン1980」ディ
スプレイ部門部門賞受賞。'82年、
'84年フラワーデザインの新世代展
出品。'85年日本フラワーデザイン
展に指名作家として出品。総合フラ
ワーアートスクール代表、古流玉水
会副家元。

恵泉女学園短大卒。在学中より大
石寛氏、新妻尚美氏に師事し、フラ
ワーデザインを学ぶ。王立花卉園
芸学校(典)、ビル・ヒクソン(米)、
ジャック・デュラマー(仏)他海外研
修デュプロマ取得。欧州各地でデ
モ。日本フラワーデザイン展で、東
京都知事賞、東武百貨店賞、NFD
賞、JFTD賞他多数受賞。マコー社
刊アートの花、薔薇、フラワーデザイ
ン等の出版スタッフ。'86FD生活20
年個展開催。

◎157
春景色
◎
奥山幾代子—————designer
天野公司—————photographer
フレッシュ/ドライフラワー
spring scenery
◎
kiyoko okuyama——designer
koji amano——photographer
natural flowers/dried flowers

◎*158*
chic
◎
阿部さやか─────*designer*
佐藤 茂───────*photographer*
chic
◎
sayaka abe───────*designer*
shigeru sato─*photographer*

◎*159*
sweetness
◎
阿部さやか─────*designer*
佐藤 茂───────*photographer*
sweetness
◎
sayaka abe───────*designer*
shigeru sato─*photographer*

158

1980年FD労働大臣賞。1983年
FD展日本花卉生産協会賞。1984
年日本のフラワーデザイン賞。控え
目な色調で静謐な味わいを出すこと
を好んでいる。阿部さやか・フローラル
セミナー主宰。

159

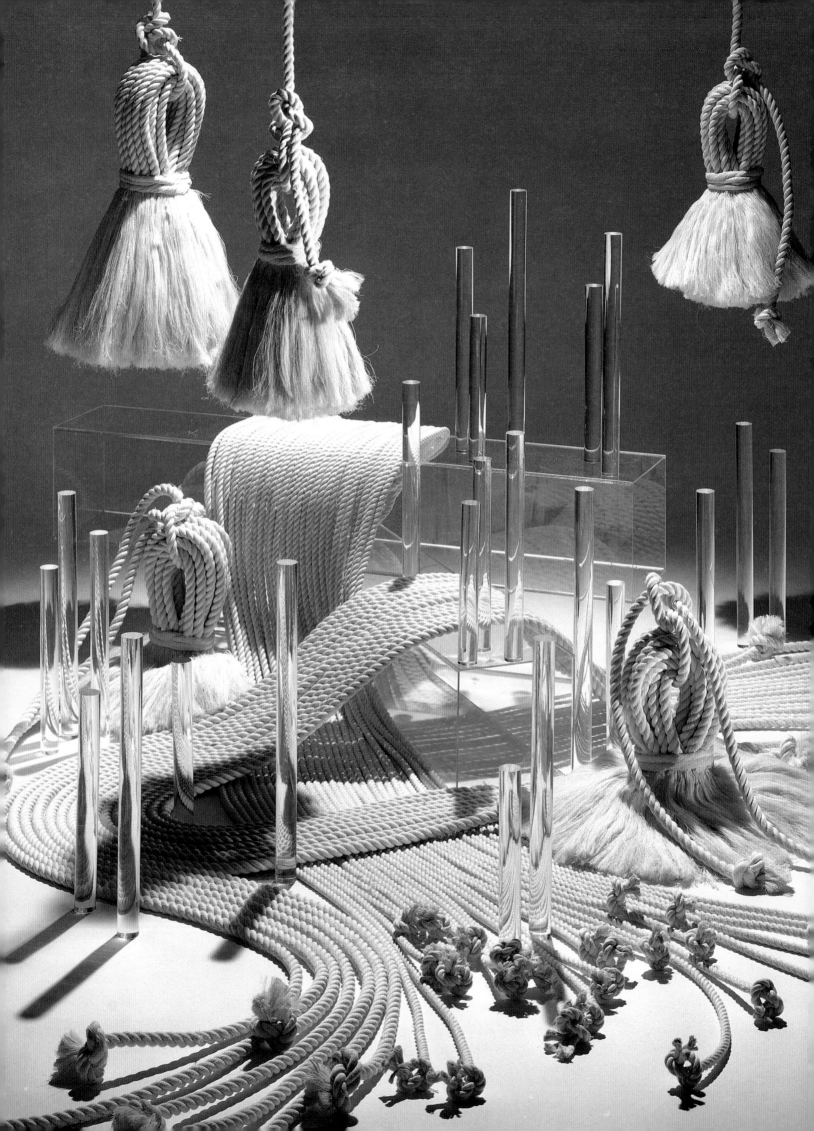

◎ *160*
化身
◎
初田照江————————*designer*
戸原伸一————————*photographer*
自作アクリルオブジェ使用
incarnation
◎
terue hatsuda————*designer*
shin'ichi tohara
————————————*photographer*
acryl object (self-made)

インテリアコーディネーターを経て
'70年独自の創作花を使って各種
ディスプレイで活躍。'74年フラワー
スクール開設。'82年アトリエ開設で
インテリア花、造形デザイン、ブライ
ダルファッション、ポプリ科設施。'84
年『花夢人』花と造形作品集出版。
メーカー誌のカバー、テーブル花
のデモンストレーション、空間造形
等の分野で活動。日本のフラワー
デザイン各賞受賞の他多数受賞。

◎161
アバンチュール・ハーグ
◎
坂梨悦子————————designer
高橋篤慶————————photographer
パンの花
aventure hague
◎
etsuko sakanashi—designer
tokunori takahashi
————————photographer
flour flowers

◎162
桂
◎
坂梨悦子————————designer
高橋篤慶————————photographer
katsura trees
◎
etsuko sakanashi—designer
tokunori takahashi
————————photographer

162

1964年「花」の世界に入る。ユリフラ
ワーデザインスクール卒。アメリカン
フローラルアートスクール卒。エコー
ル・ド・パリ・フランケーズ卒。ジュン
コフローラスクール卒。NFDトップ
デザイン展他数々のコンクールにて
受賞。フレッシュフラワーを柱として、
パンの花、ロウの花などの花造形に
力を入れる。坂梨悦子フローラルア
カデミー主宰。全日本パンの花協会
理事。中日新聞文化センター講師。

'61年恵泉短大園芸科卒。阪急㈱宝塚植物園課入社。'64年井上恵子フローラルアートスクール創設。'70年米国ヒクソンスクール卒。'72年恵泉フラワースクール講師。'72、'73年NFD賞受賞。'81年労働省一級フラワー装飾士、'82年職業訓練指導員。(財)草月会常任総務。朝日友の会講師タイアップ校。井上恵子花と器展他毎年大阪東京で開催。著書『ポプリ花かざり』(学研)、『フラワーケイション』(誠文堂新光社)

◎163
冬のなごみ
◎
井上恵子————designer
東條清憲————photographer
calmness in winter
◎
keiko inoue————designer
kiyonori tojo—photographer

1975年日本フローラルアート卒と同時に、フラワーデザイン、アートフラワーを勉強し現在に至る。'82年FD展カラーハーモニー賞、'83年FD展NHK賞、'84年本誌の日本のフラワーデザイン賞、'85年FD展銅賞などを受賞。三重県フラワーデザイン展にて毎年生徒多数入賞。藤田留美子創花教室主宰。

◎*164*
深山
◎
藤田留美子————————*designer*
小坂 敏————————*photographer*
deep in the mountains
◎
rumiko fujita————————*designer*
satoshi kosaka
————————*photographer*

アメリカンフローラルアートスクール卒。労働省国家検定一級フラワー装飾技能士。日本ブライダルコンサルタント協会会員。'80日本フラワーデザイン展銀賞受賞、大阪府商工会議所会頭賞受賞。'81日本フラワーデザイン展朝日新聞社賞受賞など多数受賞。現在宝飾店及びホテル等のウィンドウディスプレイの活動。フラワーデザイン全般指導。

◎ *165*
テロル
terror

◎
田子千代美————designer
関 英治————photographer
terror

◎
chiyomi tago————designer
eiji seki————photographer

京都みえフローラルアート卒研究科
在籍。ユリフラワーデザインスクール
大阪在籍。尾崎悦子フローラル
アートスクール主宰。'73年FDグラ
ンプリ奨励賞受賞、'81年トップデ
ザイナーコンクール内閣総理大臣
賞受賞。堺デザイン協会会員。

◎*166*
アスチルベ
◎
尾崎悦子————————*designer*
大道治一————————*photographer*
astilbe
◎
etsuko ozaki————*designer*
jiichi omichi—*photographer*

◎167
無題
◎
佐藤雄喜————designer
渡会准司————photographer
no title
◎
yuki sato————designer
junji watarai—photographer

1967年大石寛氏に師事1975年NF
Dトップデザイナーコンテストにおい
て内閣総理大臣賞およびNFD大
賞受賞。1980年㈳日本生花商全
国大会札幌における花卉装飾技術
選手権大会にて農林水産大臣賞な
らびに参議院議長賞を受賞。函館フ
ラワーデザインアカデミー主宰。

幼い頃庭一面に咲くクロバーの花を
美しいと思った時から私の花と共に
ある生活が始まったと言えよう。花を
みつめ、花の心を理解し、花の持つ
可能性や魅力の広がりを多くの
人々に伝えていきたい。花と共に生き
ることは私にとってこれからもかけがえ
のないものであると思っている。ユリフ
ラワーデザインスクール大阪ブラン
チ市田恵美子教室主宰。

◎168
エチュード
◎
市田恵美子————designer
星川新一————photographer
étude
◎
emiko ichida————designer
shin'ichi hoshikawa
————photographer

1970年東京フラワーデザイン研究
会に入会し現本部教授。1級フラワ
ー装飾技能士、職業訓練指導員。日
本フラワーデザイン展、『日本のフラワ
ーデザイン』に多数出品。今後も宮城
県のFDの発展、普及に努力したい。

◎*169*
時
◎
板橋健子————*designer*
高橋吉勝————*photographer*
time
◎
takeko itabashi————designer
yoshikatsu takahashi
————photographer

◎170
イキオイ
勢
◎
小野陽子————designer
荒 拓也————photographer
force
◎
yoko ono————designer
takuya ara——photographer

1875年を第1回とし毎年「チャリティ
ーフラワーデザイン展」を開催。1985
年2月登別市において「小野陽子ブ
ライダルブーケショー」を開催。小野
陽子フラワーデザイン教室主宰。

◎171
残燼
◎
水野玉子───────designer
岸 允信───────photographer
アメリカンフラワー
afterglow
◎
tamako mizuno───designer
masanobu kishi
───────photographer
dipped flowers

花茂フラワーデザインスクールに学
ぶ。後にアメリカンフラワーの透明感
に興味を持ち、線より面更に立体感
を表現する事の美しさにとりつかれ
る。協会発足当初より講師の養成
PRにつとめ'77年全国花材流通展
で中小企業長官賞、同年バルセロ
ナ国際花材園芸見本市に出展。
'78年、'80年NFDデザイン展銀賞、
'80年全国花材流通展日本ホビー
賞など受賞。

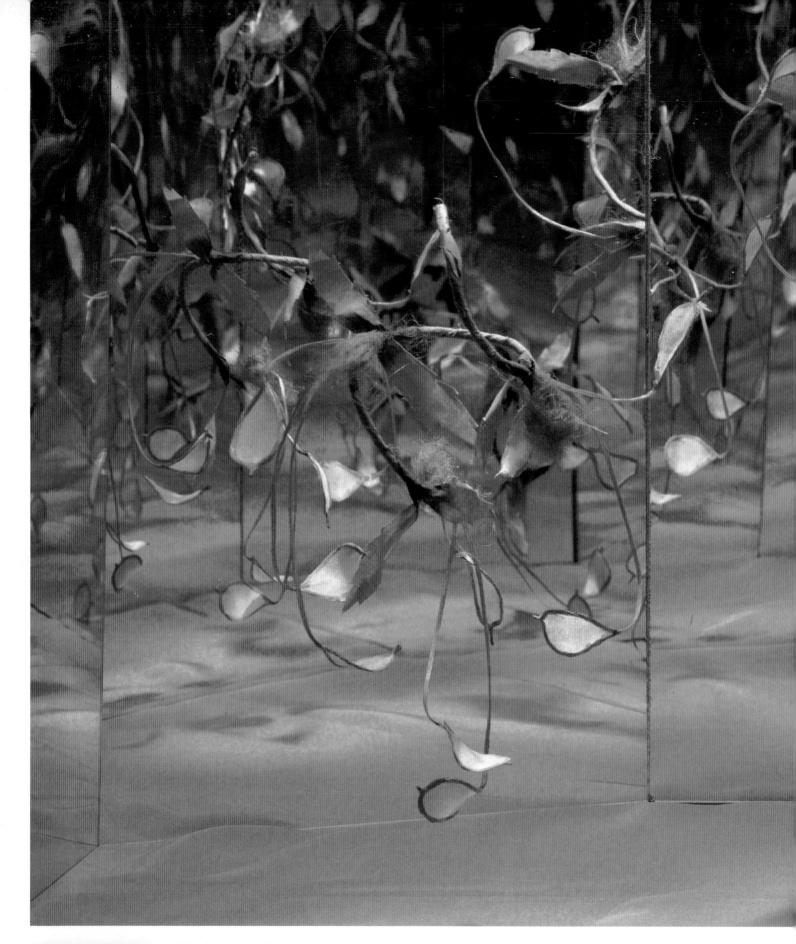

'66年やすいフラワースタジオ開設。
'69年トップデザイン展銅賞を受賞。
'70年FD150人展金賞を受賞。'76
年女流7人展（銀座松屋）にて「花と
照明」NO.1、NO.2を発表。'77年日
本FD展にて「花と照明」NO.3で文
部大臣賞を受賞。'79年後楽園ハウ
ジングにて「住まいの花の役割」を
テーマに展示会。'85年やすいフラ
ワースタジオ20周年記念祝賀会を
開催。

◎173
花と照明-雪原
◎
菅井康伊————designer
細木勝雄————photographer
flower and lighting
—snow field
◎
yasui sugai————designer
katsuo hosoki-photographer

173

◎172
花と照明-暮色
◎
菅井康伊————designer
細木勝雄————photographer
アートフラワー
flower and lighting
—evening twilight
◎
yasui sugai————designer
katsuo hosoki-photographer
fabric flowers

◎174
ブーケ
◎
日下恒子————————designer
福田匡伸————————photographer
a bouquet
◎
tsuneko kusaka——designer
masanobu fukuda
————————photographer

1972年マミフラワーデザインスクール講師。1983年JFTD第2回FDCにてJFTD大賞受賞。一級フラワー装飾士資格取得。1984年日本のフラワーデザイン優秀賞受賞、1985年'85トップデザイナーコンクールNFD大賞受賞。

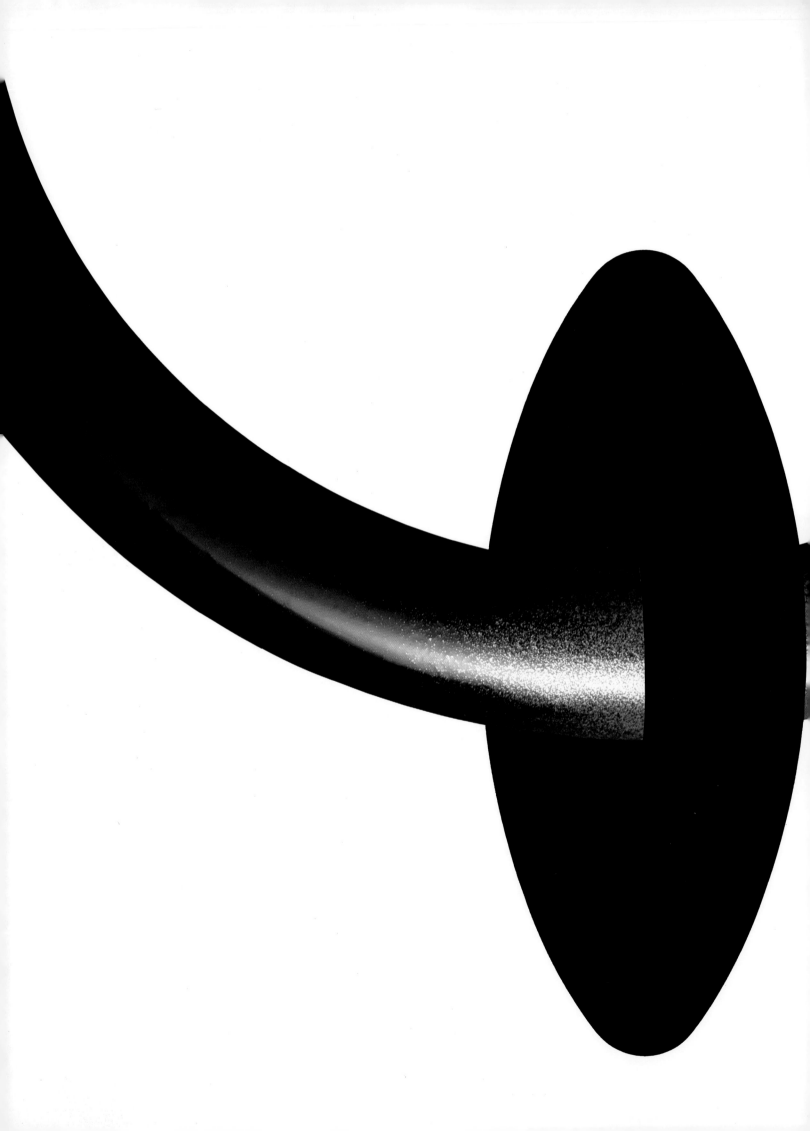

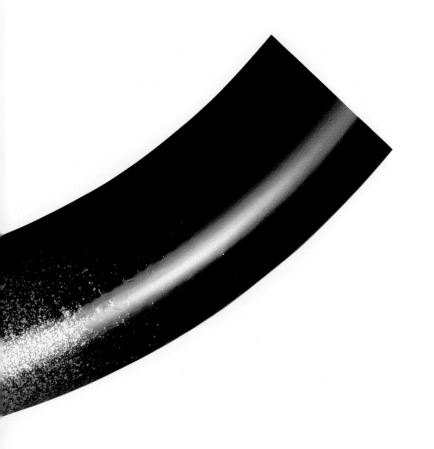

SPECIAL FEATURE
特集

日本花文化の基層

●

湯浅浩史

●

花に、植物の中に息づいている日本の文化を探る

湯浅浩史
1940年神戸生まれ。兵庫農科大学
(現神戸大学農学部)卒。東京農業
大学大学院博士課程修了。現在、
(財)進化生物学研究所研究員。細
胞遺伝学、民族植物学専攻。
著書・編著書:「花の履歴書」(朝日
新聞社)「新園芸教室」(八坂書房)、
「園芸植物I, II」(世界文化社)ほか。
「日本大百科全書」(小学館)では各
植物の文化史の項を担当。
◎
Hiroshi Yuasa
Born in Kobe in 1940. Graduat-
ed from Agriculture Department,
Kobe University. Completed doc-
tor course, Tokyo University of
Agriculture. At present, a re-
search fellow in cytogenics and
ethnobotany, the Institute of Ev-
olutionary Biology.
Publications: "Curriculum Vitae
of Flowers" (Asahi Shimbun),
"New Gardening" (Yasaka Shobo),
"Gardening Flowers I, II" (Sekai
Bunka-sha) etc. (as author, co-
author, and editor) Encyclopae-
dia (Shogakukan)—section of cul-
tural history of plants

植物名は文化

植物には皆、名がある。民族の歴史に脈打つ名。それは文化だ。

オフィスの一角にフィクス・ベンジャミナが置かれている。行きつけの喫茶店にも、フィクス・ベンジャミナは細い枝に尾状突起のある葉を茂らせていよう。しかし、それがクワ科のフィクス・ベンジャミナと正確に答えられる人は少ないに違いない。サトイモ科のディフェンバキア属やスパティフィルム属も同じように飾られているが、これらの植物の名がわかる人は、よほどの植物好きに限られよう。

オフィスに勤める人、喫茶店に出入りする人にとって、それらは飾りに過ぎず、緑に過ぎず、手を触れることはなく、それが木であっても、草であっても、名を知らなくても、何らさしつかえない。のみならず、その場所の管理者や所有者も、また名を知らなくて済む。現在、ビルやコーヒーショップに置かれている植物は、必ずしも飾られている場所が所有しているわけではない。所有者は別にいて、何週間かの後に植物は移動され、他の株と置きかえられる。植物はリースの対象として扱われ、借りる人も、貸す人も、植物名を介在しなくても、商売は成り立っている。このように現代は、名が知られていなくても、利用され、飾られ、生活に溶けこんでいる緑や花が少なくない。しかし、それは花文化に値するだろうか。

名もない草、名も知らぬ花では、植物との触れ合いは薄い。花の文化、植物と関わる文化の育ちようがない。花文化は、花が認識され、名づけられることで、意味が与えられ、コミュニケーションが生じ、培われるのである。花の文化に加わるには、まず、その名を知ることから始まろう。名も知らず飾る花は、一過性のアクセサリーに過ぎず、使い捨てに終ってしまう。

タンポポの名は、「タンポン」という鼓の音に由来するという。写真はニホンタンポポの1種のエゾタンポポ。セイヨウタンポポと違って、総苞片（がくのように見える）が反り返らないのが日本の在来種の特徴。

◎

The Japanese word for dandellion, *tampopo*, is said to originate from the beating sound of a hand drum called *tanpon*. The photo shows a species of a Japanese dandellion, *Taraxacum hondoense*. Unlike Western dandellions, a metabolized calyx does not bend backward.

逆に名は広く知られていても、あまり飾られることのない花も存在するが、そこには深く日本人の心と結びついた、植物文化を潜在させている場合もある。タンポポもそのひとつ。例にとろう。

タンポポのノスタルジア

タンポポの名を知らない日本人はまずいない。種類を問わなければ、タンポポは道端や野原に、都会からいなかや山地まで広く日本中に分布するが、庭や室内で飾られることはふつうない。しかしながら、タンポポには親しみを覚え、暖かさを感じる。それはなぜだろうか。

タンポポは響きのよい名である。そこに一つの鍵があるようだ。タンポポの名の由来をたどってみよう。

タンポポの名は歴史的な書には顔を見せない。日本最古の書物で、712年に成立した『古事記』には71種、続く『日本書紀』には78種、『出雲風土記』には91種、『万葉集』には160種の植物がとりあげられているが、いずれもタンポポの名は見当たらない。平安時代の漢和辞書である『本草和名』には、タンポポの漢名の蒲公英に、和名として布知奈と多奈をあてており、同時代の『倭名類聚鈔』でも布知奈と太奈と書かれているに過ぎない。平安時代に活躍した女流作家の清少納言は『枕草子』で121種、紫式部は『源氏物語』で97種の植物名を残したが、それらの中にはタンポポの名も、フチナやタナ系の名もなく、タンポポは見過ごされている。

タンポポの名が書物に登場するのはやっと江戸時代になってからである。貝原益軒が1688年にあらわした『和爾雅』で蒲公英にタンホホと訓じている。

タンポポは日常の日本語とはちょっとかけ離れた響きを持つ名と言え、語源にはいくつかの説がある。一つはタナホホ説。このタナは平安時代のタンポポの呼名と同じで、田菜から由来した。ホホはほほけるの縮小形で、果時に綿毛を持つ種子がほほけることから名づいたとする。もっともらしいが、タナで十分な名に、装飾語が後につく成立は日本語としては考えにくい。一方、植物学者牧野富太郎は花茎と花部がタンポに似ることに基づくとした。しかし、綿を布で丸めて棒にさしたタンポはフランス語の砲口の栓あるいは綿球を意味するtamponから由来しているので、この時代、すなわち江戸の初期に、すでにこの言葉が伝わっていたとする根拠はない。

これに対し、日本民俗学の父、柳田国男はタンポポはタンポン

と言う鼓の音から由来したと解いた。なぜタンポポが鼓か。それは花茎を適当な長さに切り、両端にいくつかの切れ込みを入れ水につけるとわかる。両端は反転し、鼓に似た形となる。子供はそれから鼓を連想し、タンポンと音を聞き、タンポンからタンポポになったというのである。

タンポポは全国に小さな変化を含めると130を超える方言が見られるが、兵庫県の津名や三原ではタンポンと呼ばれ、他にもタンポコ、タンタンポ、タンタンポポ、タタンポポ、タンポンポなど鼓の擬音を思わせる名は各地に多い。福井にはツヅミグサというそのものずばりの方言もある(『日本植物方言集・草本篇』)。

タンポポの名が鼓の音にもとづくという傍証はもう一つある。春先から秋にかけて道端で見かける雑草、イタドリ。このイタドリ、の方言にも、タッポン(広島)、タンポ(島根、山口)、さらに島根県、広島県、香川県の一部でタンポコのほかポンポンなどと呼ばれ、タンポポを思わせる名が存在するのである。タンポポはキク科だが、イタドリはタデ科。しかもイタドリは草丈が1mを超え、花は小さい。ところが、両者の共通点が一つだけある。イタドリも茎は中空である。若いイタドリの茎を切りとり、両端に切れ込みを入れて水につけると、これも鼓形になる。また、イタドリの若い茎を引き抜くと、ポンと音をたてる。タンポポの花茎も小さいながら同様の感触がある。これらのことから、かつて子供達はタンポポやイタドリから鼓を連想し、それがタンポポの名になったのである。

子供がつけた名だけに覚えやすく、親しみのある響きを持ち、大人の書物では近世になるまで、無視されたが、底流では脈々と生き続けたタンポポ。その名の中には、かつて野外の草花と触れ合った子供達の生活が凝集されている思いがする。貧しいが、おおらかに自然の中で育つことができた私達の祖先の暮しが、タンポポの名に秘められていると言え、これは植物文化の名に値しよう。

ウツギの対立—忌み植物となったタニウツギ

タンポポに二つのタンポポがあり、共通の性質から共通の遊びが生まれ、共通の名が生じたことを述べたが、日本の植物名の由来を探ると、このような例は少なくない。しかしながら、共通する名であっても、その背景が異なり、ひいては花の飾り方にも影響を与えている場合もある。よく知られたウツギを例にあげよう。

単にウツギと言えば、植物学上はウノハナの正式名であるが、

ウツギと名のつく植物は6科9属ほどある。そのうち代表的なのがユキノシタ科のウノハナとスイカズラ科のタニウツギ類の2つ。前者は縁起植物、後者は忌み植物として対立するが、それは遠い昔の稲作と狩猟の文化を反映するようだ。

◎

タニウツギ分布地図
タニウツギは、東北から裏日本にかけ
て多く分布している。関東や関西以西
では園芸植物として扱われるが、東北
や新潟県などでは庭の花にすることを
嫌う。
◎

Geographical Distribution of UTSUGI
Weigela hortensis is mainly found in the
Northeastern region and regions along
the Japan Sea coast. In other areas like
Kanto (Tokyo's environs) and westward
of Osaka, the plant is planted as a
garden tree, but it is detested to grow in
the garden in Niigata prefecture and the
Northeastern region.

他にもウツギの名のつく植物には、ユキノシタ科ではウツギ属（ウノハナなど）以外にバイカウツギ属、アジサイ属のノリウツギやガクウツギ、スイカズラ科のタニウツギ属とツクバネウツギ属、バラ科のコゴメウツギ属、ミツバウツギ科のミツバウツギ属、ドクウツギ科のドクウツギ属、フジウツギ科のフジウツギ属と6科9属ほどある。系統上はそれぞれ縁の遠い植物だが、いずれも低木で、枝が多少しだれ、茎の中に髄が見られ、それがしばしば中空になり、手で簡単に折れる。また、葉が対生（コゴメウツギのみ互生）し、小さい花が密生して初夏に咲く特徴が共通する。

ウツギの名は茎が中空の〝空木〟からついた。これらのウツギの中で、主要なのはユキノシタ科のウツギ属と、スイカズラ科のタニウツギ属である。日本のウツギ属はウツギ（ウノハナ）が全国に分布し、他に4種自生する。一方、タニウツギ属は東北から裏日本に多いタニウツギ、本州中部以西の山地にはえるヤブウツギ、東北以南のニシキウツギ、沿海に分布するハコネウツギ、本州西部、四国、九州に見られるツクシヤブウツギなど10種ほどが知られる。

民俗的に特色があるのはタニウツギ。6月頃東北や裏日本を旅すると、浅い山や人里の道端に燃えるような紅い花のかたまりが眼に映える。それがタニウツギで、花色は野生でも濃淡があり、うすいとピンク色だが、鮮やかな濃い紅もある。庭に植えればそのまま花木として観賞できよう。実際、関東や関西以西では園芸植物として扱われているが、東北や新潟県などでは庭の花にはしない。それどころか、室内に飾ることすら嫌がる。

長野県ではタニウツギ、ヤブウツギを同様に嫌う。これはタニウツギやニシキウツギを火葬の際の骨拾いのハシに使ったり、棺に杖として納めるから、縁起が悪いためという。それでは、なぜタニウツギなどが忌み植物になったのであろうか。

これを解くにはヒントがいくつかある。ひとつは九州で記録された。乙益正隆氏の『球磨の植物民俗誌』によれば、球磨の猟師はイノシシを仕止めると、ツクシヤブウツギの枝を三本組み合せ、そこに切りとったイノシシのしっぽを吊し三歩さがり、空砲を三発打ったという。長野県ではウツギ（多分ヤブウツギ）を3本組み合せた門を作り、出棺するところがあったと、宇都宮貞子さんは『植物と民俗』に書いている。三つの枝を組み合せた風習は他にもある。栃木県の粟山村では三本の棒を組んで小石を吊し、墓じるしとした。

田植えは日本の伝統的な習俗。苗を移植する農業、湿めた地で植物を育てる農業は本来ヨーロッパにはなかった。これが日本の花栽培に影響を与えなかったはずはなく、湿りの花、さし木の園芸を育んだ。月次風俗図屏風（部分、室町時代）
◎
Rice transplanting is a traditional custom of Japan. Transplanting and other farming techniques in damp grounds where climate is humid did not take roots in Europe. This climatic characteristics of Japan have influenced the cultivation of flowers, and brought about floriculture of moisture and cuttage.
Photo; A part of Tsukinami Folk Life Illustration (Muromachi Era, 1412-1573)

また、東北などにさかんな正月明けの行事の左義長も三本の棒を組む。左義長の棒はタニウツギではなく、粟山村の墓じるしもタニウツギかどうかは不明だが、目的は共通している。いずれも霊を鎮め、送ることが、深層にある。九州の例も、狩猟で奪った獲物の霊を送る儀式と考えてよいだろう。ではなぜツクシヤブウツギが使われたのだろうか。

ツクシヤブウツギの花は咲き始めは白だが後に赤く変わる。この赤が、流す血の色と結びついたのではなかろうか。ウツギ類はいずれも生命力が強い。枝をさすだけでも根づく。儀式に使ったのは、その再生力に、獲物の命の復活を願った気がしてならない。

死者をヤブウツギの門で送り出すのも同様の意図からと思われ、恐らく、墓印にも、霊の復活を祈って、ヤブウツギやタニウツギをさすことがあったに違いない。

ヤブウツギは長野県などでは境界に植えられる。これもかつて墓に植えられたヤブウツギが育ち、それが結界の役目を果たしたことから発展したと推定できよう。死者に持たせる杖や骨拾いのハシなどの用途も、死者との交わりの延長線上にあり、現在はもとの意味を失ない、単に忌み植物として、身近に置かないのであろう。

イネと結びついたウツギ（ウノハナ）

スイカズラ科のウツギ類と違って、ユキノシタ科のウツギ類には忌み植物としての扱いはなく、むしろ縁起植物として見られた形跡がある。かつて陰暦の4月8日にはウノハナを竹ざおや長い棒の上に結びつけ、天道花と称して高くかかげたり、戸口などにさす習俗が、関東以西の各地に見られた。陰暦の4月は卯月であり、従って卯花、ウツギを使ったとも言われるが、ウノハナをなぜ祭事に用いたかについて、柳田と並びたつ民俗学者折口信夫は『花の話』の中で、ウノハナの咲き方で、米の豊凶を占ったからと見た。ウツギは〝卯花腐たし〟の表現があるように雨で散りやすい。この卯花を腐らせる雨は梅雨である。

稲作にとって、いつ梅雨に入るのか、また十分な量の雨が降るかどうかは、何にもまして、重要な要素である。カレンダーのなかった昔、農民はそれを花の咲き方で予測した。梅雨にさきがけて咲くウノハナは、田植えの目安になると共に、その年の天候を知る手がかりを与えてくれる大切な植物であったに違いない。

同じ頃にスイカズラ科のウツギ類も咲くが、こちらは米の豊凶の

占いには使われなかったようである。これは、ユキノシタ科のウツギと花を比較すれば、その理由がよくわかる。

ウノハナ、つまりユキノシタ科のウツギは花が白く、しかも穂状に咲き、白い米と結びつく。佐渡の方言ではこのウツギをカブシバナと呼ぶ。カブシとは稲の穂が垂れた状態で、これもウツギの花と米との連想に基づく。

長野県の鬼無里などでは苗代の水口にウツギを立て、焼米の包みをぶら下げ、虫除けにしたと伝えられる(『植物と民俗』)。ウツギに威力を認める風習であるが、これには、さすと根づくウツギ(ウノハナ)の再生力の強さも加味されているに違いない。

こうして見ていくと、ウツギ(ウノハナ)はどうやら稲作文化と結びつきが深いようだ。スイカズラ科のウツギ類(タニウツギなど)が狩猟文化との関連を思わせるのと対照的である。また、地域的には、スイカズラ科のウツギ類に忌みを持たない関東から西日本と、忌みを持つ新潟以北とが対立し、その境は長野県と見られ、このあたりで両者が混在している。恐らく、この対立の芽は縄文時代にまで遡ると考えられ、稲作の拡がるのが遅れた東北地方では、狩猟文化の影がまだ残っているのではなかろうか。両者の対比は左表のようになる。

花の飾り方にみる日本文化の特質

●

湿りの風土が育てた生け垣文化

ウツギはタニウツギ属と違い忌みによる栽培の束縛は受けなかったらしく、古くから庭に取り入れられた。万葉集では24首のウノハナを詠んだ歌があるが、その内の2首はウノハナの垣根を詠む。10巻1899番の「春されば卯花ぐたしわが越えし妹が垣間は荒れにけるかも」と1988番の「ウグイスの通ふ垣根の卯花の憂きことあれや君が来まさぬ」である。

万葉集には他にアシの垣根が歌われているが、生け垣としてはウノハナだけである。従ってウノハナすなわちウツギは記録に残る日本最古の生け垣と言える。

ウツギが古くから垣根に使われたわけは、さし木でふやすことができることを、水田の水口にさして根づくことから熟知され、それが家などの境にされるにいたったからであろう。またウツギはかつて発火用の火きり杵としても重要であり、身近に栽培しておく必

植物名	花色	象徴	目的	祭り	文化	文化圏
タニウツギ	赤	血	霊送り	左義長	狩猟	東日本
ウツギ(ウノハナ)	白	米	霊迎え	天道花	農耕	西日本

ボタンは中国では花王と呼ばれ、花の中の花である。日本では『万葉集』には登場しないが、平安時代には伝わり、『蜻蛉日記』(974年)や『枕草子』(1001年ごろ)に描写がある。図は北宋の白釉黒花牡丹文枕。

◎

The peony is considered as the King of Flowers in China; it is the flower of flowers. In Japan, the flower was transported in the Heian Era (794-1192). There are descriptions of this flower in two books of this period, ''Kagero-Nikki'' (974) and ''Makurano-soshi'' (C. 1001) Photo; A pottery glazed in white with a black peony flower, Sung (North) dynasty (960-1127)

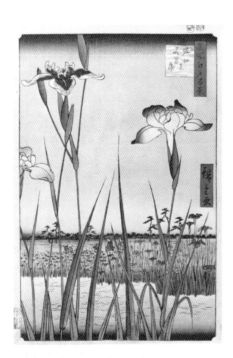

日本の湿りの風土はハナショウブを、ヨーロッパの乾きの風土はジャーマンアイリスを育んだ。ジャーマンアイリスは香りがあり、花びら（外花被）の"ひげ"が目立つ。
上は広重「堀切の花菖蒲」。下はジャック・グリュベール「睡蓮、アイリスと木立」（部分、『ナンシーのステンドグラス』学研より）
◎

Japan's humid climate produced *Iensata irises* and the dry climate of Europe, German irises. German irises have a strong fragrance and conspicuous fluffs. Photos; Above, Hiroshige's "*Iensata Iris* of Horikiri", Below, Irises by Jacque Gruber, (part) Stained Glass of a cathedral, Nancy, France

要があったものと思われる。ちなみに、現在、18の神社で神事に火きり杵を使って火を起こしているが、出雲大社や諏訪神社をはじめ半数の9神社が、ウツギの木を火きり杵に使用している。

日本で発達した花の芸術には生け花と盆栽が、従来、強調されてきたが、私はさらに生け垣も追加したいと思う。生け垣を美しく仕立てるには長い年月がかかる。生け垣は日本全国のどこにでも見られるが、生け垣に使われる樹木は、南北に長い日本の風土を反映して地方によってそれぞれ異なる。一例をあげると、島根県ではクロマツを四角く刈りこんだ築地松（ついじまつ）がある。防風林を兼ねた独特のスタイルであるが、クロマツはふつう枝が密生しない。それをすき間なく垣根に仕立てるには何代もかけての長い年月の手入れと細工を必要とする。沖縄でも、防風をかねてフクギのみごとな生け垣がある。風土と密接にかかわり、長い年月をかけて育まれる生け垣は花の文化の一つと言えよう。

日本の生け垣の歴史は1200年以上もさかのぼるが、海外の生け垣はどうであったろうか。中世までのヨーロッパでは、城壁で囲まれた城内は家と家が軒を接し、生け垣を生むゆとりはなく、城外でも農家を取り囲む生け垣は発達しなかった。ヨーロッパで生け垣が作られるようになったのは、近世になってからという。

中国においても、中北部では日本のような生け垣は生じなかった。中国の住居は華北の四合院型で代表されるように、外側は家の壁や土塀が取り囲み、生け垣は用いられていない。雨量の少ないエジプトやメソポタミアの文明でも生け垣の作られた形跡はない。

生け垣が日本で発達した背景には湿りの風土、恵まれた素材に加え、イネの栽培をベースにする栽培技術も関係するようだ。すなわちヨーロッパや中国の黄河流域で主食のムギ類は種子を播くだけで、移植をしない。ところが、イネは種子を苗代で育て、苗を一度移し換える。また、稲作以前に日本に伝わっていたサトイモなども、種子ではなく、植物本体を植えつける。この植物体そのものを植え、移し換える技術が、梅雨という特殊な日本の気候とうまく結びついて、さし木や樹木の移植などを可能にし、それが生け垣につながったと考えられよう。

さし木や移植はもちろん中国でも行なわれていたが、前述したように住居の違いが、生け垣と結びつけなかった。日本と中国は同文文化圏と見られるが、習慣や文化は必ずしも同じではない。同じ漢字でも意味がしばしば異なる。例えば手紙。日本では手で書く紙、レターだが、中国では手でちぎる紙、つまりトイレッ

インドの献花は茎をつけて生けるよりも、花輪の利用が多い。マリーゴールドやキクの花がジャスミンと共に花輪にされ、ヒンズーの神々や仏に供えられ、また人の晴れの儀式を飾る。日本では見られない神や仏への献花の様式である。

◎

Flower offering in India is often made in a wreath. Flowers of marigold and chrysanthemum are tied together with jasmin flowers and offered to Hindu gods and the Buddha at ceremonious occasions, a manner never practiced in Japan.

花首からもがれたマリーゴールドの花がインドでは市場で山盛されて売られている。人々はそれで花輪を作り、祝いの場を飾り、ヒンズーの神々や仏にささげる。

◎

Marigold flowers separated from stalks are sold in heaps in marketplaces in India. People make a wreath of marigold flowers to decorate ceremonious occasions with it, or offer the flowers to Hindu gods or the Buddha.

トペーパーである。例えば汽車。日本では列車、トレインであるが、中国では自動車、カーをさす。日本の汽車を中国では火車と呼ぶ。火車（ひのくるま）は日本では生活の苦しさを意味する。

花の世界においても、日本と中国には同様な素材の野生植物が分布しながら、改良の視点が異なった。その顕著な種群として、アジサイ属とアヤメ属があげられよう。アジサイ属は中国にも多数野生するが、栽培化は日本で始まった。アヤメ属も日本ではカキツバタ、ハナショウブなど華やかな花を生んだが、中国では花の美しい野生種が少なくないのにもかかわらず、栽培、改良にはいたらなかった。

日本でアジサイやハナショウブが花開くのは、梅雨期である。梅雨のジメジメした気候はうっとうしく憂鬱である。アジサイやハナショウブはその時期を明るく飾ってくれる。しかも、それらは水を好むいわば湿りの花である。

アヤメ属にはアイリスのなかまも含まれ、ヨーロッパにも分布する。しかし、ヨーロッパで栽培、改良されたのは乾きを好むジャーマンアイリスであり、水辺に咲くキショウブは育種されなかった。

このキショウブが日本に導入されたのは、明治以降だが、日本の湿りの風土の中で、たちまち全国に広がり、現在は池や小川に自生のように見られる。また、日本のハナショウブの中に欠いていた色として、この花の黄色が注目され、愛知県の大杉隆一氏の親子2代にわたる努力によってハナショウブとの雑種が育成され、キハナショウブ"愛知の輝（かがやき）"が誕生した。ヨーロッパでかえりみられなかった湿りの花が、日本の湿りの風土の中で花開いたのである。

生け花と水

中国、ヨーロッパをはじめ、エジプト、メソポタミア、インドなどの文明圏では育たず、日本で花開いた花の文化の最も著明な一つは、生け花である。なぜ、日本で生け花が育ったのだろうか。その背景には日本の水と、日本人の生命観が関係していると考えられる。

中国は多数の花を園芸化した。それらはキク、ボタン、ウメ、モモ、ジンチョウゲ、オウバイ、ボケ、ハナズオウ、モクレン、ユキヤナギ、ハクチョウゲ、ビョウヤナギ、サルスベリ、ロウバイ、シダレヤナギと、実に多彩である。そのほとんどは日本で生け花の材料として使われている。にもかかわらず、中国では生け花は生まれなかった。

中国には黄河と揚子江（長江）の二つの大河があるが、それらの中、下流は日本の河川のような清流ではない。特に中国文明の中心地であった黄河は、黄色い濁流で、透明という日本の水の観念からはほど遠い。

花はきれいな水にさして映える。日本の生け花は水の見えない壺にさした立花から、水を見せる水盤の導入と共に展開を見せた。清水抜きには日本の生け花の発展はなかったと思われる。一方、中国の中原ではきれいな川に恵まれず、水の美しさが、実生活の中で十分認識できなかったのではなかろうか。従って、それを花と組合せる観念が生じなかったのであろう。

ヨーロッパは中国と違い、澄んだ川は存在した。しかしながら、花を飾っても、生け花の芸術には昇華しなかった。これには花に対する宗教上の飾り方の相違が起因しよう。

死者に花を添える行為は最も古い花の飾り方と言え、すでに6万年前のネアンデルタール人が、ヤグルマギク、ノコギリソウ、ムスカリ、タチアオイなどの花を添えたことが、イラクのシャニダールの洞窟遺跡の花粉分析から知られている。

数千年前のエジプトの古代王朝でも王の棺にはスイレン、ベニバナ、ヒナゲシ、ヒエンソウ、ヤグルマギクなどの花が入れられた。この伝統は現在のキリスト教にも受けつがれ、死者に花を手向ける。その花は一本の花もあるが、花束や花輪にもされ、いずれの場合も切り花で、水なしで飾られる。従って、花は数日を経ずしてしおれ、枯れてしまう。日本の仏教でも死者に花を手向けるがそれは水に生けられる。水に生けられた花は、花の生命が長らえ、美しさを長く維持できる。墓に花を飾るにしても同様である。前述のようにキリスト教の墓では花は水なしに飾られる。同じように死者をとむらう花であっても、日本では花は水と共に生かされ、ヨーロッパでは水と切り離される。この違いが、ヨーロッパで生け花が発達しなかった背景の一つにあるように思えてならない。

仏への花

日本の生け花は仏への供花に始まるという考え方があるが、確かにそれはヨーロッパのキリスト教の儀式花と比較すると、鮮やかに浮かび上る。仏教はインドに発祥した。それでは、インドの仏教ではいかに花が飾られているのだろうか。

インドのマーケットの花売り場では、しばしばザルいっぱいにマリーゴールドやジャスミンが盛られている。それらは茎も、葉も、花

ビルマは敬虔な仏教徒の国。金箔を顔に張りつけた仏像に、ジャスミンの白いネックレスが美しい。香りもまた、仏への供養の一つ。
◎
Burma is a country of pious Buddhists. The face of Buddha's image covered with gold leaves is well becoming with a necklace made of white jasmin flowers. Its fragrance is part of service to the Buddha.

ビルマでは花首から摘まれた花を竹串に刺して、再構成し、仏に献じる。オガタマノキの類の花と、白い小さいジャスミンの花に、フトモモ類とキク科の香草。いずれも香りのよい草花や花木である。花は萎れても香りが残る。

◎

In Burma, flower heads are skewed with a bamboo stick, shaped and then offered to the Buddha. A stick of flowers of Michelia genus and small jasmin flowers are accompanied by fragrant herbs of *Eugenia* spp. and chrysanthemum. Even after the flowers wither, the fragrance remains for some time.

ビルマの寺はパゴダが中心に置かれる。その周りに配置された仏像へ、人々が毎日供える花は、花輪、茎つきの生花、竹で刺した花串とさまざま。花串の献花は、他国には少ない花飾りである。

◎

In a Burmese style temple, the Pagoda is located in the center. People offer flowers daily to Buddha's images arranged around the Pagoda. They are decorated as a wreath, as fresh flowers with stalks or flower sticks. Skewed flowers are seldom seen in other countries.

茎すらもついていない。花首から切り離された花だけが山積みされているのである。その花は糸に通され、花輪にもされるが、庶民の多くは、ばらで花を買って寺に出かける。それを仏にそなえるのである。現在、インドで仏教は少数派に過ぎないが、多数派のヒンズー教でもヒンズーの神々に対する花の飾り方は似ている。いずれも水に生けることは少ないようだ。

といって、仏教と水と縁がないわけではない。仏石に水をかけ、そこに花を添えて供養する。しかしながら、その際、花を水に生けることは、あまりしないようである。仏教に縁の深い花として、ハスの花がある。インド仏教が根強く残るカシミールのダール湖周辺の寺院では、ハスはムクゲ、キクなどと共にいずれも花首から先が参道で売られていた。スリランカのキャンディにある仏歯寺でもハスはプルメリア、ジャスミンなどと共に花首から先の花だけが献花されていた。私の訪れた寺院は少ないが、恐らく、インドやスリランカでは普遍的な習俗と思われる。

ビルマは現在も敬虔な仏教徒の国である。国中いたるところにパゴダが立ち、人々はおまいりを欠かさない。そこで、ビルマの人々が、どのように花をささげているのか、私には興味のある問題であった。この5月、ビルマへ出向くことができ、長年の課題が解けた。

黄金のパゴダで名高い首都ラングーンのシェゴダゴンパゴダ。その参道には花屋が何軒も見受けられた。そこでは三通りの様式の花が売られていた。ジャスミンなどは花首から先だけの花で花輪にされている。一方、花茎つきの花々もあった。それは金属製の花びんに生けられ、パゴダの周りに置かれた仏に供えられていた。

変わっているのは、両者を折衷したような飾り方で、オガタマノキのなかまのキンコウボク（金香木）、ジャスミンやハナシュクシャ（ジンジャ）を細い竹の串に積み重ね串ざしにして、それを花びんにさすやり方である。タヒチ島近くのモーレアの島のホテルで、ハイビスカスの花を同じく竹ヒゴにさして飾ってあったのを思い出したが、他には見たことのない花の飾り方である。もちろん、花は水あげできないので、一日と持たない。しかしながら、キンコウボクやジャスミンやジンジャはいずれも芳香があり、枯れても香りは漂う。そういえば茶色に変色したジャスミンの小さな花輪が、ビルマで乗ったバスの中の小さな仏様の前にぶら下げられていた。

熱帯圏では花は水に生けられても、すぐ痛む。そのかわり、香り

インドやスリランカの仏への献花はしばしば花首だけが供えられる。スリランカの古都キャンディーの仏歯寺の仏歯の前にも、そのような花が絶えない。外側からハス、プルメリア、ジャスミン、スイレンなどの花々。

◎

In India and Sri Lanka, only flower heads are often offered. In front of the Buddha's teeth of Dalada Maligawa Temple in the ancient capital, Kandi, in Sri Lanka, there always are flower offerings.

Photo; From outside, flowers of plumeria, jasmin, water lily, etc.

のよい花が選ばれ、枯れた後も残る香りで仏が供養できると考えられたのであろう。インドやスリランカやビルマの仏教の花は、必ずしも花と水とが組合わさってはいないと言えそうである。

日本への仏教伝来は6世紀であるが、日本では当初から仏へ花を生けて、供えたかどうかは疑わしい。後でも述べるが、当時の日本の習慣では室内に花を生けることはなされていなかったと推定される。万葉集の1/3にあたる約1500首に植物が歌いこまれているが、その中に室内で、生けた花を観賞した歌は一首もないのである。

日本での生け花の誕生は万葉以降で、独自の生け花芸術への発展をとげたのは、日本人の花を愛する心と、仏教の生へのいつくしみ、それに恵まれた水と器、さらには万葉集にも見られる儀式に使われた多彩な木や花（後述）が複合された結果であろう。

内なる花、外への花

ヨーロッパは日本と同じ北半球だが、緯度的には、はるかに高緯度に位置する。あの光あふれるローマが北海道の函館に近く、パリとなると、もう北海道よりはるか北のサハリン中部の緯度にあたる。アフリカから吹きこむ風やメキシコ暖流の影響で、日本の同緯度よりはるかに暖かいとは言え、冬の厳しい中部以北のヨーロッパでは針葉樹を除き、本来常緑樹はほとんど分布していなかった。ツバキやツツジやアオキなどありふれた日本の庭の花も、ヨーロッパの中部以北の庭で育てるのは楽ではない。生け垣がヨーロッパで発達しなかった理由の一つもこんなところにあるのかも知れない。しかし、実はそれだけでは片付けられないのである。

南半球のニュージーランド。原住民のマオリ族はいたものの、都市は白人が造った。首都オークランドは緯度的に日本の群馬県にあたる。その郊外の住宅地ではツツジやツバキが日本と同じように植えこまれ、花開いている。その一角で、庭に出ていた奥さんに道を尋ねた折、庭の花が美しいですねと感想を述べたら、室内の花もどうぞと見せてもらえた。テーブルの上にも盛花が美しく飾られていたが、窓から庭をながめて、はっと気がついた。部屋の中から庭の花をながめるよりも、道路から庭を見る方が美しかったのである。そこの垣根は生け垣でなく、ひざほどの高さの白い木の柵が道路との境界を示しているに過ぎず、通りがかりの人は十分花をながめることができる。そこでは庭の花は住

む人たちだけでなく、道ゆく人達も楽しませる花であった。そういえば、庭のないヨーロッパの街の人々は鉢花を窓の外に出して飾る。アパートの窓々にゼラニウムなどの美しい花が飾られている光景は、ヨーロッパでは珍しくない。日本での生け垣の目的の一つは、外部からの目かくしにある。外から切り離して、家族やその家を訪れる特定の人々だけで観賞し、楽しみ、息ぬきをする庭と花。そのための生け垣であることが日本では多い。これに対し、ヨーロッパでは庭の花は外から切り離された、隠された花でなく、不特定多数の人々も観賞できる花である。そのためには目かくし用の生け垣は必要でない。この外へ拡がりを見せる開放的な花の飾り方と、内へ閉じこめる閉鎖的な花の飾り方が、ヨーロッパと日本の花文化の違いの根底にあるのではなかろうか。この点、中国は日本と同じく、かつては壁や塀で隔てた中庭で、花を鉢に植えて育てる閉鎖的な観賞法をとった。

この閉鎖的な、内なる花の飾り方の典型が盆栽である。閉じこめられた狭い空間で、大きさを制限された樹木は、本来の大きさをそぎ落されているにもかかわらず、風格をそなえ、そこに逆に無限の広がりを見せる。盆栽は植物栽培技術の極致と言えよう。中国にも盆栽は発達したが、それは必ず岩を配す。岩に山の奥行きをもたせる行き方である。いわば盆景で、日本でも当初は中国の影響下にある盆景からスタートしたことが絵画に残る。現在残るその最も古い絵は、平安末から鎌倉の初めに活躍した歌人西行法師の行跡を描いた土佐経隆（つねたか）の『西行物語絵巻』（1195年頃）の巻初にのる。2本の角柱でささえられた箱庭の中に二つの岩が配され、その岩の上に矮性の木が育っている。やがて江戸時代には岩を排し、木だけによる空間の演出へと洗練され、日本の盆栽は完成する。

木を刈りこんで幾何模様や動物を形どるトピアリーは、ヨーロッパで生まれ、熱帯各地にも広がった。写真はタイの暁寺院のヒイラギキントラノオ。
◎
Topiary, an art to trim and shape a tree into a geometrical pattern or an animal came into being in Europe, and later spread to tropical countries.
Photo; *Malpigia coccigera* in the grounds of Wat Phra Keo in Bangkok, Thailand.

古代エジプトの『死者の書』には、死出の旅に出る女性の頭にしばしばスイレンの花が飾られている。これはスイレンが太陽神ラーのシンボルで、復活の神オシリスとも関係が深いことに基く。
◎
In the Book of the Dead of ancient Egypt, water lilies often appeared to have decorated the heads of women starting their journey to the other world. The water lily is the symbol of the Sun God, Ra, and is closely related with Osiris, the god of revivification.

冬も青々と葉をつける常緑樹に神秘な力を認めて、永遠の生命のシンボルとする民族は多い。図版は、ドイツのオーヴァベックが、イタリア人の友との友情を記念して描いた「イタリアとゲルマニア」。左の月桂樹の冠をつける女性はイタリアを、白い5弁の花の冠をつける右の女性はドイツを象徴している。

◎

Many nations see mysterious power in evergreen trees and regard them as symbols of eternal life.
Photo; 'Germania and Italia' painted by Johann Friedrich Overbeck in memory of his friendship with an Italian. The woman on the left with a crown of laurel represents Italy and the other with a crown of five-petal white flowers symbolizes Germany.

日本のフラワーデザインの源流を探る

●

挿頭は飾り花の原点

花の飾り方について、日本と海外の相違を対比してみてきたが、花を飾るという行為の中には、むろん共通点も多くある。生け花、盆栽、生け垣と日本を代表する花の芸術は、いずれもハサミを入れて余分な部分をそぎ落しているが、海外のトピアリーやフラワーデザインもまた、ハサミを使った創作という点では、それらと通じる花の芸術である。素材は再構成され新しい生命が与えられ、芸術に昇華されている。

洋の東西を問わず、花の飾り方の一つは、ささげることである。神や仏や死者の霊に花を供え、献じることは、人と花との最も古い触れあいである。花を媒体にして、人は神に仏に霊に接しようとした。その方法の一つとして、聖なる花や植物を身につけて飾ったのである。

古代のエジプトではスイレンは太陽神ラーの象徴であり、死者を裁くオシリスもまた、スイレンで飾られた。有名な『死者の書』にはオシリスの前で裁きを受ける死者が描かれているが、その一つアニのパピルス（BC1500〜1400年）では、アニの妻ススはスイレンを挿頭す。

髪に花や植物を挿す習俗が上代の日本でも広く行われたことは、『古事記』や『万葉集』でうかがい知ることができる。倭建命は人々にクマカシの葉を髻華せよと呼びかける。髻華とは花木を頭髪や冠にさすことで、『万葉集』にも神職の神主部がヒカゲノカズラを、天皇の側近の郷大夫や官人の物部がタチバナの実を髻華する歌が詠まれている。

クマカシは現代名が不明だが、常緑のカシの一種と思われ、ヒカゲノカズラやタチバナも常緑である。冬も青々と葉をつけた常緑樹に生命力を感じ、それを聖なるものとしてとらえる見方は、ギリシャのゲッケイジュ、ローマのギンバイカ、古代ケルト族のドゥルイド教のセイヨウヤドリギなど各地の民族に共通する。

万葉人の花飾り

『万葉集』では髻華以外に挿頭す、蘰す、玉に貫くなどの植物の飾り方がある。どのような植物が使われたか、見てみよう。
『万葉集』の挿頭の花には、ヤマブキ、フジ、サクラ、ウメ、ナシ、ハギ、ナデシコがある。このうちヤマブキは『万葉集』に17首詠まれているが、挿頭にされたのは、大伴家持が置始連長谷の

植物の生命力を人体に送りこむための呪術的な装置として始まった髻華・挿頭・鬘などの習俗は、時代が下るにつれて次第にその呪縛力を弱め、単なる装飾へとかわっていく。
上は王朝時代、男性の冠を飾った挿頭の花。中は『華厳縁起』より、新羅国の王妃に仕える官女たちの鮮やかな髪飾り。下はレンブラントが新婚の妻を描いた「フローラ姿のサスキア」。
◎

The custom of decorating the head which started as a magical instrument to inspire vitality of plants into human bodies gradually diminished its power of a spell, and later, came to be merely an accessory.
Photos; Above, flowers used by men to decorate their crowns, Center, colorful hair accessories worn by palace maidens in early Korea, Below, Saskia as Flora by Rembrandt.

持ってきたヤマブキの花を挿頭にした歌（20巻, 4302）の1首だけである。フジ、ナシ、ナデシコも各1首ずつ、挿頭にする歌が見られる。ハギは『万葉集』に、最も多く登場する植物で、141首詠まれている。そのうち7首が挿頭の歌である。10巻の2225番の歌は、「わが背子が挿頭のハギに置く露をさやかに見よと月は照るらし」と、男性である背子がハギを挿頭す情景を詠む。ハギの挿頭の歌7首のうち、情況のわかる4首はすべて男性が挿頭したもので、女性が挿頭した例は見当らない。サクラは50首ほど歌われているうち、2首が挿頭にされている。8巻の1429番には「おとめらが挿頭のために……」と女性がサクラの花を挿頭に使った例が載る。ウメは『万葉集』ではハギに次いで数多く詠まれた花で、118首の歌が見られる。そのうち10首がウメを挿頭す歌だが、挿頭しているのはすべて男性である。

以上述べたヤマブキ、フジ、ナシ、ナデシコ、ハギ、サクラ、ウメの7種。これらはどれも花が美しい木や草である。ところが、花の目立たないヒノキ、ヤドリギとヤナギも挿頭にされている。このうちヤナギは2首で、ウメと共に飾られている。大伴家持は天平勝宝2年（750年）の正月2日、役所の宴で「あしひきの山の木末の寄生取りて挿頭しつらくは千年寿くとぞ」（18巻, 4136）と詠んだ。寄生はヤドリギのこと。「あしひきの山の梢のヤドリギを取って挿頭すのは千年の寿を祝ってのことよ」の意で、ヤドリギを長寿のシンボルとし、そのあやかりを願っている。ヤドリギは、落葉樹に寄生すると、冬の間青々とした状態が目立つことから、そこに神が宿るととらえられたのである。

ヒノキもまた常緑で大木となり、長命と結びつけられたのであろう。それに較べ、ヤナギは落葉するが同じように挿頭に使われたのは、中国の思想の影響が考えられる。中国から渡来したウメとの組合せも、それを示唆する。

ヤナギは中国では春一番に芽吹く植物であり、そのことから春のシンボルにされ、生命の復活と結びつき、神聖視された。このことは『万葉集』のヤナギの鬘の歌にも表われている。大伴家持は左大臣橘諸兄の家の宴で「青柳の上枝よじ取り鬘くは君が屋戸にし千年寿くとぞ」（19巻, 4289）と歌った。「青柳の梢の枝を取って鬘にするのは、君の家の千年の寿を祝ってのことです」とヤドリギと同様な見方をしている。鬘もまた頭に飾る。ヤナギは『万葉集』に39首詠まれるが、内10首は鬘の歌である。ヤナギが縁起植物であることは中国から伝わったが、上流階級の風習になったことは、挿頭、髻華、鬘などにして飾られた17種の植

ヒカゲノカズラを蘰に、ササユリを手にした4人の巫女が舞う奈良市率川神社の三枝祭りは、毎年6月17日に行われ、古代の神事の雰囲気を現代にかもす。
◎

The festival of Izakawa Shrine in Nara prefecture on July 17, wherein four shrine maidens dance with a *lilium japonicum* in their hands and a branch of common clubmoss in their hair brings back the atmosphere of an ancient Shintoism ritual.

物の中で、最も多く詠まれていることからもわかる。このヤナギは「ももしきの大宮人が蘰けるしだりヤナギは見れど飽ぬかも」(10巻、1852)から推察すると中国原産のシダレヤナギであろう。また、ヤナギの蘰は「ウメの花咲きたる園の青柳を蘰にしつつ遊び暮さな」(5巻、825)のように、後には遊び、酒などと組合わせて詠まれ、縁起植物から単なる飾りの風流な植物へ転換する。その蘰をつけたのは、ここでもほとんどが男性であるが、ただ一首男性が歌に添えて女性にヤナギの蘰を贈る例が見られる。「丈夫（ますらお）が伏し居嘆きて造りたるしだりヤナギの蘰せ吾妹（わぎも）」(勇ましい男が恋しさの余り、伏しては嘆き、座しては嘆いて作ったシダレヤナギの蘰である。つけてほしいわが妹よ。10巻,1924)。

また、大伴家持は離れて住む妻に真珠をショウブやハナタチバナと混じえて蘰にするようにと贈る歌がある(18巻,4101)。これらの2例を除くと、蘰の場合も万葉人は男性がつける歌が多い。蘰にされた植物は他に、ヨモギ、ヒカゲノカズラと稲穂がそれぞれ1首、ユリが3首詠まれている。ユリの蘰は今までの例と違って、室内で使われたことがはっきりわかるが、これについては生け花との関連で後述する。

現代の蘰の植物

万葉時代に頭に飾られた植物は聖なる植物からみやびの飾りへの移行が見られ、興味深い。頭飾りは後に冠の飾り、花笠、花かんざしなどに変形し、庶民の暮しの中にも溶け込んでゆく。花笠、花かんざしのようにその多くは女性の飾りとなるが、万葉の時代は、すでに繰り返し述べたように圧倒的に男性の頭飾りであった。現代は男性が頭に花や植物を飾ることは、まずないが、女性がそうする実例は、儀式に残されている。

奈良の率川（いさがわ）神社では、毎年6月17日に三枝（さいぐさ）祭りが催される。三枝はササユリのことで、四人の巫女はその花を手に、ヒカゲノカズラを蘰に、神前で舞う。

また沖縄地方ではノロを中心とする巫女が現存し、さまざまな儀式を行なう。久高島（くだかじま）では12年毎の午年にイザイホー祭りが開かれ、巫女たちはイザイ山に物忌みに籠り、巫女洗礼の儀式をするが、その3日目には花さし遊びの神事が行われる。これに使われる花は現在は紅、白、黄の色紙で作られた造花であるが、4日目イザイ山から出て、それぞれの家をめぐる儀式には、ハブイと呼ばれるトウツルモドキを蘰にし、アダカの名で呼ばれるアカネ科のボチョウジの葉を挿頭す。

古代地中海文明の遺跡には、しばしばユリの花が登場する。図版はテラ島から出土した「春のフレスコ」。祭儀用に特別に造られたと思われる小室《百合の間》の壁面を飾っている。

◎

In the ruins of the ancient Mediterranean civilization, lilies are often found. The photo shows 'fresco of spring' excavated from Thira island. This was hung on the wall in a small chamber called 'Chamber of Lily', considered to be used for ritual purpose.

生け花は仏前に生けたハスの花に始まるという説がある。泥中に清らかな花を開くハスは、極楽の象徴として、仏教と深く結びついた花である。ハスの花はスイレンに似るが、包葉は短い。『華厳縁起』

◎

Some people entertain the view that fresh flower arrangement has its origin in lotus flowers offered to the Buddha. Lotus flowers emerging from the mud yet unstained are closely linked with Buddhism as the symbol of paradise. Lotus flowers resemble water lilies, but their bracteoles are shorter.
(Kegon Engi)

これと似た神事は沖縄の各地で行なわれるが、それに用いる植物は地域によって多少ことなる。沖縄の屋古の「ハブイギー」はボチョウジで、そのボチョウジは伊良部ではツカサギと呼ばれる。ツカサギは司木の意味である。ハブイギーは沖縄の与那でコウトウイヌビワをハーブイ、カーブイ、カーブリ、カブリと称することから推察すると、原義は被りで、頭にそれを被ることから由来したと思われる。コウトウイヌビワもまた、トウツルモドキと同じく常緑で、枝が細く、蘰にむく。沖縄本島ではカーブンギ、カーブンギー、ハーブイギなどと呼ばれる。また西表島ではヤマカブリとかクロカブリ、石垣島ではアカカブリやアカカブルの名があり、広く神事に使われたものと考えられる。さらに、オオバイヌビワも西表島でカブリキ、石垣島でカッブルキの名があり、儀式植物と見られる。

生け花の芽ばえ

すでに述べたように生け花は日本独自に発達した花の芸術だが、万葉の歌人はあれほどたくさんの植物の歌をうたいながら、ただの一首も生け花についてふれていない。それどころか花を水に生けた歌すら、また、花を室内に飾った例もない。

万葉人も花を手折ることはあったに違いない。それをどうしたのだろうか。一部は挿頭や蘰や鬘華にしたことは述べたが、それ以外には飾らなかったのだろうか。それを知るには、次の歌が参考になろう。「白露の置かまく惜しみ秋ハギを折りのみ折りて置きや枯らさむ」(白露の置くことが惜しいので、秋のハギを折るだけ折ってみたが、それにしても置いて枯れてしまうのかなあ。10巻、2099)。手折ったハギの花を水にさそうという行為はそこには見当らない。どうやら当時は花を手折っても、身につけたりながめた後は、そのまま放置したようである。

また、それを室内に持ちこむことも、まずなかったようである。『万葉集』の植物に関係ある1500余りの歌の中で、室内で観賞したことがわかるのは、わずかに2首に過ぎない。天平感宝元年(749年)5月9日、役人が秦石竹の館に集いて宴を開いた折、主人の石竹は主客の大伴家持らに、ユリの花蘰を三枚作り、豆器に重ねて差し出した。それを見て、大伴家持は「あぶら火の光に見ゆるわが蘰早ユリの花の笑まはしきかも」(油火の光の中に見える私の蘰は、ユリの花がほほえましいことよ。18巻、4086)と詠んだ。それに介内蔵縄麿は「燈火の光に見ゆる早ユリ花後も逢はむと思ひそめてき」(燈火の中に見えるユリの花、

平安の薔薇。『源氏物語』や『枕草子』には薔薇と表現されたバラが登場する。その種類はわからないが、藤原定家は『明月記』に長春花(コウシンバラ)を記録した(1213)。図版は、贅を尽くした平安貴族の庭。右下に薔薇の花が見える。『春日権現験記絵』
◎
Roses appear both in 'The Story of GENJI' and 'Makurano-soshi. Also in 'Meigetsu-ki' (1213), the author Fujiwara Teika records a type of rose. Photo; a garden during the Heian Era, provided with every luxury. Roses are seen in the lower right. (Kasuga Gongen Kie)

15世紀後半に描かれたショーンガウアの「バラ垣の聖母子」は、刺のない美しいバラ、すなわち無原罪の聖母と、現実の刺のあるバラを対応させた作品といわれるが、そんな題材とは別に、中世のバラの垣根を伝えてくれた。
◎
In the painting by Martin Schongauer in the late 15th century depicting Madonna in the rie garden, two kinds of roses are drawn. The one without thorns symbolizes the Holy Mother Immaculate, and the other is an ordinary rose with thorns. Apart from such a theme, the painting conveys a rose hedge of medieval times to us.

後にも逢いたいと思い始めました。18巻,4087)と続けた。あぶら火あるいは燈火の表現が伴っているので、この宴は夜、室内で開かれたことが読みとれる。

室内で花を観賞した記録は、日本ではこのユリ蘰が初めて,思われるが、ここでももちろん水は使われていない。室内で水にさされた花は、その直後の天平勝宝4年(752年)に最初の記録がある。『東大寺要録』の伝えるところによると、その年の4月10日元興寺から「東の山辺をきよみ逓井々せる盧舎那仏に花たてまつる」と大仏に献花する歌が寄せられている。

供花でなく、単に花を生けて観賞するのは、『枕草子』(1001年頃)に出る。「勾欄のもと青きかめの大きなるをすえて、サクラのいみじうおもしろき枝の五尺ばかりなるをいと多くさしたる」とあり、傾きのある欄干の側の青い大きなかめに枝ぶりのよい1.5mもあるサクラの枝を多数さして観賞したことが知れる。ただし、この観賞も、厳密には室の外の縁側であることが、"勾欄のもと"という表現でわかる。まだ室の中には取り入れられていなかったのである。『枕草子』には他にも、リンドウを生けたことが「リンドウは枝ざしなどもむつかしけれど、異花どもみな霜枯れたるに、いとはなやかな色合にてさし出でたる」と載る。リンドウの生け花がさほど難しいとは思えないので、当時はまだ生け花の技術がそう発達していなかったのであろう。紀貫之(～945年)は「ひさしかれあだにちるなとサクラ花かめにさせれどうつろひにけり」と詠んでいる。平安時代に供花でない水を使った生け花が始まったと見られる。

万葉の造花

『万葉集』は当時の生活、習慣を知るには大変貴重な資料である。特に植物の歌が多いので万葉人がいかに植物を用い、花に接し、感情を抱いていたかが、よくわかる。すでに造花も使われていた。世界的にみても、早い歴史ではないかと思われる。天平勝宝3年(751年)正月3日大伴家持を主賓に久米朝臣広縄などが介内蔵縄麿の館に集いて宴を開いた。その時に雪を積んで岩の形にし、巧みに草木の花を彩り作り、広縄が詠む。「ナデシコは秋咲くものを君が家の雪の巌に咲けりけるかも」(19巻,4231)。また遊行女婦の浦生娘女は「雪の山斎巌に植えたるナデシコは千世に咲かぬか君が挿頭に」(19巻,4232)と詠じた。大伴家持はことのほかナデシコが好きで、『万葉集』に出るナデシコの歌26首中12首は彼の作品である。その主賓のために、気をきかして、雪中のナデシコの造花となったのであろう。

モモは中国では仙果であり、美の対象であった。清朝の陶磁器、清乾隆粉彩九桃文天球瓶の独特の五彩釉で絵付けされたモモは、完成した美しさを持つ。ところが、よく見ると花に果実が伴ない現実にはありえない構図。
◎

Peaches are considered as a fruit for court nobles and as aesthetic objects. Peaches painted in five colors on a ceramic vase of the Ch'ing dynasty in China have matured beauty. However, a close look reveals an unrealistic composition with flowers and fruit at the same time.

日本の花はそのままでドライフラワーになるような素材はほとんどない。また湿度の高い風土はドライフラワーにむかない。ドライフラワーのかわりを、造花がなしたであろうことは、今に残る花笠などをみてもわかる。

日本で生きた花がドライフラワーにされるのは江戸時代にセンニチコウが伝わってからであろう。センニチコウは漢名の千日紅の音読みである。中国の『秘伝花鏡』(1688年)には冬になってもしぼまず、女性がかんざしにすると書かれている。日本には天和から貞享のころ(1681～1688年)に伝わったと『地錦抄附録』(1733年)に出る。

万葉の庭の花

『万葉集』には室内で観賞される植物はまず、ほとんどなかったようだが、庭には少なからぬ花や木が栽培されていた。もっとも、万葉時代には〝庭〟はまだ神と結びついた神聖な場であり、庶民の家では〝庭〟とは呼ばれていない。現在の庭にあたる場所は垣内とか〝やど〟とかで表現されている。やども漢字では室戸、屋戸、屋前、屋外、夜度などと書かれている。そこで栽培されていた花の美しい木は18種ある。うち日本の自生種がツバキ、ヤマブキ、サクラ、ウツギ、アセビ、フジ、アジサイ、センダン、ネムノキ、ハギ、ツツジの11種。他に中国から渡来したウメ、モモ、スモモ、ニワウメ、ナシ、タチバナ、カラタチの7種が取りあげられている。

花の美しい草としては6種見られ、そのうち日本原産はユリ、ナデシコの2種とススキである。ススキは「めづらしき君が家なる花ススキ穂に出づる秋の過ぐらく惜しも」(8巻,1601)をはじめ36首中5首は明らかに〝庭〟のススキが詠まれている。といっても、ススキをわざわざ植えつけたのではなく、ススキの元来生えていたような場所に家が建てられ、その〝庭〟にススキが根強く残ったのであろう。外来の草花にはハスとケイトウ(カラアイ)およびベニバナ(クレナイ)。他に庭木として観賞された種類はマツとタケにカエデおよび中国から渡来したシダレヤナギが詠まれている。ケヤキ(ツキ)は観賞用に植えられていたかどうかは不明だが、大伴家持の庄の門に植えられていた。『万葉集』の歌の内容を検討すると、〝庭〟に植えられた動機がわかる種類が少なくない。恋人や妻や夫の面影をたくして〝庭〟に植えられた花にはヤマブキやナデシコをはじめ、形見にするまで詠まれているものにハギ、ネム、フジ、マツがある。以上のように草花、花木、庭木合わせて28

日本では秋の七草をはじめ、山野の草花を美の世界に取り入れた。室町時代の春日山蒔絵硯箱の蓋の表には、オミナエシ、ススキ、サルトリイバラの葉と実が描写され、日本の秋の風情を醸している。この図柄は、『古今集』壬生忠彦の歌「山里は秋こそことにわびしけれ鹿の鳴く音に眼をさましつつ」に因む。

◎

Japanese people have included wild flowers into their aesthetic life. Leaves and fruits of *Patrinia scabiosaefolia*, eulalias (*Miscanthus sinensis*) and smilaxes painted on the surface of the lid of an inkstone box, bring about the air of autumn in Japan. This design is associated with a poem in 'Kokinshu', a collection of poems (1183), relating the quietness of solitude in autumn.

種の植物が万葉時代身近に植えられ、観賞されていたことがわかる。草花と樹木を比較すると、圧倒的に樹木が多い。花の美しい日本の草花は他に16種も歌われているが、まだ〝庭〟に取り入れられていない。当時は〝庭〟の草花はまだ淋しかったに違いない。

それが、『枕草子』にはセキチク（カラナデシコ）、アサガオ、キク、シオン、ハゲイトウなどが渡来し、カルカヤ、オミナエシ、キキョウ、リンドウ、ホオヅキ、ユウガオ、ツボスミレなどの草花やキリ、ボタン、クチナシ、バラなどが加わり、一挙ににぎやかになる。『枕草子』とほぼ同時代の『源氏物語』には、ケシ、フジバカマ、ワレモコウなど『枕草子』には登場しない花々も見られ、平安時代は風情に富んだ庭ができあがったと思われる。

しかしながら、庭の発展は一方で自然との切り離しであった。万葉の時代の〝庭〟はまだ垣根が低かった。それは「春さればウノハナくたしわが越えし妹が垣間は荒れにけるかも」（10巻，1899）の歌から読みとれるように、人が難なく越えられるていどの垣根であったのである。従って、窓からは野に続き、山にいたる自然がながめられたに違いない。

人口がふえ、都市化が進むと都にはへいができ、生け垣が発達し、閉ざされた内なる庭へとむかう。

江戸の園芸

閉ざされた自然から、必然的に花の観賞は庭の花、室内の生け花へと移る。生け花に緑の木を立てるのは〝神の依代〟の転化であると、桜井満氏は説く（『花の民俗学』）。

日本の常緑信仰は、また、温暖な風土の中で江戸時代に特殊な園芸を開花させた。葉を観賞の対象とし、ヤツデ、マサキ、アオキ、モミジなどを庭に植え、その葉にあらわれる斑入りや葉の変り物を楽しんだ。後にはサイシン、オモト，マンリョウとヤブコウジ、ナンテンなどで〝葉の芸〟は流行し、〝連〟と称して町民の間にも、同好会が作られるようになる。フウランやセッコクなどのラン科植物さえも、花より葉や茎の変化を観賞するという行き方は、現在の観葉植物につながり、そのさきがけであったと言えよう。その頃ヨーロッパではまだ葉を観賞の対象となる園芸はほとんど育っていなかった。温室的なものはあっても王や貴族などほんのひと握りの階級に限られ庶民には無縁であった。

江戸時代には、さまざまな葉の変りものを育てて観賞する〝葉の芸〟が流行した。なかでも葉形の美しいモミジやカエデの異品種は珍重され、多くの彩色図譜が描かれた。

◎

In the Edo Era, the 'art of leaves' to enjoy novel leaves came into fashion. In particular, beautifully shaped leaves of variations of *Acer* spp. and maple are treasured, and many illustrations were left.

現代の花の芸術

日本で発達した生け花はすぐれた花の芸術であったが、それは水によって展開したため、逆に水による束縛を強く受け応用の範囲が狭められた。それから解き放たれるのは戦後になってからである。

また、万葉時代には、神から離れて風流に身につけて飾られはじめた花や植物は、その後はなぜか身にまとわれなくなった。上代に植物を神とのつながりとして身につけた習性はタブーとなり、生け花を飾ると、親の死に目に逢えないとか、ツバキの花を髪にさすと早死するという言い伝えも残存した（桜井満『花の民俗学』）。

一方、欧米では花を身につけるという飾り方が発達した。これは水にとらわれなかった影響でもあろう。タンポポの花は美しいが、生け花として飾るには葉と花茎とのバランスが悪い。花茎だけでは間が抜けている。花首からだけをアレンジすれば、花輪をはじめ色々な飾り方ができよう。しかし、日本ではタンポポは子供の遊びの域を出ることはなかった。飾られなかった花である。

現在、花の世界にタブーは消えた。花は身につけられ、水なしでも飾り立てられる。万葉の時代のおおらかな植物の飾り方に、立ちもどったようである。ただ、万葉の時代、花をかざし、かずらにし、髪に挿したのは男性が主体だった。これはまだ現代に復活されていない万葉の壁ではある。

それにしても、多様な現代の花の楽しみの中には、もう次代の日本の花文化が芽ばえているかもしれない。

遠く飛鳥、奈良時代の挿頭（かざし）に起源をもつかんざしは、女性の髷を飾るのに欠かせないアクセサリーとして江戸時代、大いに流行した。これら江戸工芸は、同時代ヨーロッパの工芸家たちにも少なからぬ影響を与えている。写真はラリック作の櫛。
◎
An ornamental hairpin which has its origin in the hair accessories of the Asuka (593-701) and Nara (701-794) eras became an indispensable hair accessory in the Edo Era (1603-1868). Handicrafts of the period gave not a small influence to craftsmen in Europe of the same period.
Photo; a comb by René Lalique

花を愛し、花を飾ったナポレオンの妻ジョセフィーヌ皇后。近代的なバラは彼女が集めたコレクションから発展した。現代のバラは、中国のバラ、日本のノバラ、ヨーロッパ南部で育まれていたバラ、それらの混血から生まれた。花の世界の交流は、新しい花を育くみ花文化への素材を与える。
◎
Empress Joséphine, Napoleon's wife loved flowers and decorated flowers all around. Modern rose culture started from her collection of roses. Exchanges of flowers of the world produce new flower species and provide a new source of floriculture.

The Base of Flower Culture in Japan

•

Hiroshi Yuasa

•

A Search for Japanese Culture Breathing in Flowers and Plants.

The Name of a Plant is Culture

Every plant has a name. The names which have lived through the history of a nation; that is culture. ——————— People have little sympathy for grass and flowers if they don't know their names. A culture relating to flowers or plants will not be cultivated without knowing their names. When a flower is recognized, named and given a meaning, communication between the flower and man is brought about, and the culture of a flower is thus born and developed. In order to be part of a culture, a flower must be named. A nameless flower, even if it is decorated, only serves as a temporary accessory which is thrown away after use.

There are some widely-known flowers which are rarely used for decoration. There are other flowers which, closely linked with the minds of Japanese people, have potentials to compose plant culture. The dandelion is one such example.

Nostalgia for Dandelions

The Japanese word for dandelions, *tampopo*, has a pleasant sound. There may lie a key for its popularity. Let us trace the origin of the name.

The name *tampopo* does not appear in old writings. The oldest historical record of Japan, *Kojiki*, compiled in 712 AD refers to 71 kinds of plants, and the following *Nihon Shoki* 78 kinds, *Izumo Fudoki* (topography of Izumo Region) 91 kinds and *Manyoshu* (the oldest collection of poems) 160 kinds. The name dandelion is not found in any of these manuscripts. In a Chinese-Japanese dictionary of the Heian Era (794-1192), two Japanese words, *fuchina* and *tana*, are applied to the Chinese equivalent of dandelion. Another glossary book of the time includes the two words.

Famed women authors of the era recorded the names of plants in their masterpieces: 121 kinds of plants in *Seishonagon's Makurano-soshi*, and 97 kinds in *Murasaki-shikibu's The Story of GENJI*. None among them is found to be *tampopo*, *fuchina* or *tana*. Dandellions are left out.

It is only in the writings of the Edo Period (1603-1868) that the name dandellion has come to appear. In the book *Wajima* written by Kaibara Ekiken in 1688, the author gives *tampopo* as the pronunciation of a Chinese character for dandellion.

Some different views are entertained as to the origin of the name *tampopo*. One view finds the origin in the combination of words *tana*, a vegetable grown in the paddy field, and *hoho*, a shortened word for "cracking" of seeds with tomentose at the time of bearing fruit. It appears reasonable, but in fact, is unrealistic to have a modifier after a noun in Japanese grammar.

Dr. Tomitaro Makino, a reputed botanist related the flower with *tampo* as the flower stalk and the dandellion flower are resembling *tampo*. *Tampo* originates from a French word "tampon". But there is no evidence that this French word had been introduced into Japanese vocabulary in the early Edo Period.

The father of Japanese folklore, Kunio Yanagida traced the origin in the sound of hand drums called *tampon*. If you cut the flower stalk for some length, put some cuts at both ends and put it into water, the stalk turns like a hand drum. Children associated this with a hand drum, heard the tapping sound of the *tampon* drum, hence the word *tampopo*.

Tampopo exists in over 130 dialects all over Japan, all of which can be regarded as onomatopoeia of the tapping sound of a hand drum. In Fukui prefecture, there is even a dialect which directly means "a hand drum grass". (Botanical Dialect in Japan)

The word created by children with a familiar feeling is easily remembered. Thus, the name of dandellion, though neglected in the writings of the adults until recent times, had continuously lived. The life of children in the past centuries much closely related with plants outside their houses seems to be condensed in a word, *tampopo*. Our ancestors' life with no wealth but broad-mindedness in the bosom of nature is contained in the name of dandellion. This deserves to be an important component in plant culture.

Conflict over *Utsugi* — The plant which became a taboo

A similar name is often used to mean different plants. *Utsugi* is one such example. *Utsugi* is a botanical name for *u-no-hana* (Deutzia crenata). But many other types of plants are called by the same name, such as *Deutzia*, *Philadelphus* genuses of the *Saxifragaceae* family; *Hydrangea paniculata*, *Hydrangea scandens*; *Weigela* and *Abelia* of the *Caprifoliaceae*; *Stuphandra* of the *Rosaceae*; *Staphylea* of the *Staphyleaceae*; *Coriaria* of the *Coriariaceae*; *Buddleja* of the *Loganiaceae*; in fact, 9 genuses of 6 families. They are hardly related with one another, but are commonly short with drooping branches. The pith in the stalk is easily broken by hand, leaves grow in opposite directions, (except for *Stuphandia* which has leaves growing alternately), and small flowers bloom thickly in early summer. The name *Utsugi* comes from the "hollowness" of the stalk. Among the many *Utsugi*, important are *Deutzia* genus of the *Saxifragaceae* family and *Weigela* of the *Caprifoliaceae* family. In Japan, *u-no-hana* (Deutzia crenata) grows all over the country, and 4 other species grow wild.

Ten types of *Weigela* are found in Japan, *Weigela hortensis*, *Weigela floribunday*, *Weigela decora*, *Weigela coraeensis*, and *Weigela japonica*. Noted among them from folkloric point of view is *Weigela hortensis*.

Burning red flowers catch people's eyes along the roadside of villages and small hillsides of the northern part of the country and the Japan Sea coastal area in June. The color of the flowers vary between pale pink and scarlet. If planted in the garden, this flower can be well appreciated. In fact, this plant is treated as a garden flower in some parts of Japan, mainly along the Pacific coast. However, in Niigata prefecture, the northeastern region and along the coast of the Japan Sea, people don't plant it in the garden. They grudge decorating the flower inside their house compounds.

In Nagano prefecture, they dislike *Weigela hortensis* and *Weigela floribunda* alike. They use chopstics made from their branches to collect ashes of the dead after cremation, or put a branch as a stick for the dead person. Therefore they regard it as a plant of ill omen.

Then, why did it become a tabooed plant?

There are some hints to answer this question. According to folkloric records on plants, three branches of *Weigela japonica* were used by hunters in a region in Kyushu island to hang a tail of a wild pig they caught.

In Nagano prefecture three branches of the plant were assembled at a gate through which a coffin is carried away. Other regions have kept a similar custom, such as in a village in Tochigi prefecture, where three branches are assembled to hang a stone as a mark of a tomb.

The purpose of these customs lies, in depth, to appease and send out the spirit of the dead. But why has this particular plant come to be used for such a purpose?

The flowers of *Weigela japonica* are white when they start to bloom, and later turn to red. The color red must have been associated with the color of blood. Every species of the weigela family has a strong power to grow. A branch casually planted in the ground grows quite easily.

The use of the plant for rituals seems to suggest the wish of people for a reincarnation of life. The use of the plant as chopsticks to collect ashes and a stick to put into the coffin with the dead might have the same reason. They are all along the extension line of the communication between the living and the dead. At present, this original meaning has been lost and the plant is avoided to put close to oneself as an abstinent plant.

Utsugi (U-no-hana) linked with Rice

Unlike the *Weigela* of the *Caprifoliaceae* family, those belonging to the *Saxifragaceae* family are recorded to have been used for wishing good harvest in regions westward of Tokyo area.

A flower of *Deutzia crenata* was tied to a long pole and hoisted high or decorated at the house gate on April 8th of the lunar calendar.

A folklorist ranking equal with Kunio Yanagida, Shinobu Origuchi, saw the reason for this use in his book on flowers: they told fortunes of the year's harvest. The flowers of this tree easily get off once rain falls, that is, as it enters the rainy season.

For planting rice, the arrival of the rainy season as well as the quantity of rainfalls are of the utmost importance. In those days without calendar, farmers used to foretell them by seeing the growing process of *Deutzia crenata*. The flower blooming prior to the rainy season must have given an indication of the date for paddy plantation and clues to know the climate of the whole year. Thus, *Deutzia crenata* is a valuable plant.

The flower of *Deutzia crenata* of *Deutzia* of the *Saxifragaceae* is white and blooms in the shape of an ear of rice, which is associated with white rice.

Deutzia crenata has close relationship with rice culture

compared with *Weigela hortensis* which has close link with hunting culture. Geographically, Kanto (Tokyo and its environs) area and western Japan where they don't taboo *Weigela* genuses of the *Caprifoliaceae* family, and Niigata prefecture and the regions further north are in conflict with Nagano prefecture in between the two areas. In Nagano prefecture both practices are found. The source of this conflict perhaps could be traced back to the neolithic culture period (8,000 BC — 200 BC). In the Northeast region to which farming was introduced later than the rest, remnants of hunting culture might be still found today.

Traits of Japanese Culture as Seen in the Ways of Decorating Flowers

●

Hedge Culture Nurtured by Humid Climate

The *Deutzia crenata* was widely known to be easily multiplied just by planting its cuttings. They were planted to fence a house compound. The *Dentzia crenata* was also important as a firing pestle for household tasks, and therefore, planted nearby. At present, 18 shrines are using firing pestles for their religious rites, and 9 among them are using the wood of the plant as pestles.

Flower arrangement and *bonsai* (potted dwarf tree culture) have been two major arts of flower appreciation in Japan. But I would like to add hedge culture to them. It takes years and much care to grow a beautiful hedge. Trees used for hedge vary from place to place reflecting Japan's topography strentching long from north to south. In Shimane, western part of the main island facing the Japan Sea, the Japanese black pine (*Pinus thunbergii*) is used by trimming the tree into a square. This is a unique style which works as protection against wind. The branches of a black pine tree usually do not grow thick, therefore, it takes generations to make a hedge with no space between leaves. In Okinawa, they plant *Quercus acutissima* as hedge which also serves as protection against wind.

The history of hedge in Japan dates back to more than 1200 years ago. In Europe, hedge making is said to have started only in modern times. Until then, houses were built close together in a walled city. In central and northern China, hedge has not come into being. The house lot there is surrounded by the outer wall of the house or fenced by earthen walls, and hedge is never used. In ancient Egypt and Mesopotamia with little rain, there are no traces that hedges were made.

The farming technology based on rice cultivation, in addition to humid climate, might be related to the development of hedge in Japan. For rice farming, seedlings are grown in a rice nursery and then transplanted in a paddy field. Taro growing was introduced to Japan before rice plantation. To grow one, a taro itself is planted. With the technique of planting a plant itself and transplanting seedlings connected with the rainy season before summer, Japan's climatic characteristic enabled planting and transplanting of cuttings of a tree and whole trees. This is considered to have led to hedge growing.

Planting cuttings and transplanting have been practiced also in China, but as has been mentioned before, the house construction as such did not give the hedge a chance to grow. Often, China and Japan are regarded to belong to an indentical culture sphere, but it is not so. Even the same Chinese characters have different meanings in the two countries.

In the world of flowers, both China and Japan had similar kinds of wild flowers, but people of the two countries developed these flowers differently. Noted examples are the hydrangea and iris. Some variety of hydrangea grow in China wildly but cultivation of the hydrangea as a garden flower started in Japan. For the iris, Japan produced *Iris sanguinea*, *Iris laevigata*, *Iris ensata* and other flowery flower species. In China, though they do have quite a few kinds of wild iris with beautiful flowers, they have not attempted to cultivate or improve them.

It is during the rainy season that hydrangea and iris come to full bloom to relieve people from gloomy, unpleasant feelings. They are hydrophilic flowers.

Irises grow also in Europe. But the type of iris cultivated and improved in Europe are German Irises which favor dryness, and *Iris pseudacorus* growing along the streams have not been bred.

Iris pseudacorus was introduced to Japan after the Meiji Era (1868 — 1910) and it spread all over the country. Today, the flower grows near ponds and streams wildly. Its yellow color was admired, as the color was scarce in the existing *Iris ensata*. Thanks to the efforts of Otsuka Ryuichi and his son, crossbreeding *Iris pseudacorus* with *Iris ensata* has been made successful to produce a new species. A slighted flower in Europe came to flourish in the other side of the globe.

Flower Arrangement and Water

Flower arrangement is the most significant culture born and nurtured in Japan. Water and people's sentiment toward life are considered to be a supporting factor in the development of such culture.

Flowers are becoming with clear water. Flower arrangement came to flourish along with the introduction of the flat flower bowl. Without clear water and the flat flower bowl, the art of flower arrangement would not have been brought into existence.

On the other hand in China, the beauty of clear water as combined with flower has not come to be appreciated.

In Europe, there were clear streams. People decorated flowers but the decoration has not evolved into an art of flower arrangement. Differences in religious interpretations of flower decoration might be an underlying cause for this. The act of offering flowers to the dead is the oldest style of flower decoration. Some 60,000 years ago, the Neanderthal men are already known to have offered flowers such as *centaurea*, *achillea*, *muscari*, *althaea* to the dead from the pollen analysis of the ruins of Shanidar cave in Iran.

In ancient dynasties of Egypt several thousand years ago, flowers of the water lily (*Nymphaea*), safflower (*Carthamus tinctorius*), corn poppy (*Papaver rhoeas*), larkspne (*Delphinium*), and cornflower (*Dentaurea cyanus*) are put into the coffin of the dead kings.

This practice has been conveyed through generations by Christians of today. Be it a single flower, or some flowers made into a bouquet or a wreath which is offered, flowers are not put in a vase with water inside. Thus, they wither after a few days.

In Buddhist rites in Japan, flowers are presented in water. They last longer, maintaining their beauty for some good days. The same idea is applied to a tomb-stone. For the same act of mourning for the dead, flowers in Japan are closely linked with water, while in Europe, they are not. This separation of flower from water seems to me a reason for flower arrangement not to have developed in Europe.

Flower Offering to the Buddha

Flower arrangement in Japan is said to have its origin in an offering to the Buddha. How, then, are flowers decorated in India, the birthplace of Buddhism?

In marketplaces, you will find basket full of African marigold (*Tagetes erecta*) or jasmin being sold. They are devoid of stalks and leaves and even flower stalks, and only flowers are piled up. These flowers are often made into a garland. Common people buy only several flowers and go to a temple to offer them to the Buddha.

Today, Buddhists in India comprise a minority group. The way of flower offering by the majority Hindu to Hindu gods, however, is similar to the Buddhist way. In either case, flowers are offered without water.

However, this does not indicate that Buddhist rites are totally separated from water. Buddhists pour water on Buddha statues and offer flowers beside them, but not in water. The lotus flower is a symbolic flower of Buddhism. Lotus flowers separated from the stalk and leaves are sold together with Syrian hibiscuses and chrysanthemums around a Buddhist temple in Kashimir, where Buddhism is still strongly supported. Also, at Dalada Maligawa Temple in Kandy, Sri Lanka, only the flower heads of lotus flowers are offered together with other flowers such as *Plumeria* and jasmin.

This way of offering is regarded as the one generally practiced in India and Sri Lanka.

Burma is a country of pious Buddhists. Pagodas are all around the country and people pay daily worship to the Buddha. How do they offer flowers? I had a chance to visit the country in May, 1986.

The Shwedagon Pagoda in the capital Rangoon is famous for its golden pagoda. There are a number of flower shops along the approach to the temple. There, flowers are sold in three different forms. First, only flowers such as jasmin are tied with a string in a ring. Secondly, they are sold with flower stalks. These are put into a metal vase to offer to Buddha images placed around the pagoda.

The third way, and the one which is the most unique, is a mixture of the two. *Michelia chanraca* of *Michelia compresa*, jasmins and fragrant grand flowers (*Hedychium coronarium*) are spitted, and then put into a vase. This way of decoration is quite rare. I only observed hibiscus flowers spitted by a bamboo string at a hotel in Moorea Island near Tahiti. Flowers die within a day as a matter of course, but the strong fragrance of these flowers remains. A small garland of jasmin, turned to brownish color, hang in front of a Buddha image on a bus I took in Burma.

In tropical regions, flowers wither easily very soon even if they are put in water. Perhaps they think that the lasting perfume-like fragrance of flowers they offer will please the Buddha. In India, Sri Lanka and Burma, flower offerings are not necessarily connected with water.

Buddhism was introduced in Japan in the 6th century. It is dubious that flowers were offered to the Buddha from the inception of the religion in Japan. Japanese people in those days did not seem to decorate flowers in the room. About 1500 poems, or a third of the total number compiled in *Manyoshu*, refer to some kind of plants. However, none of them is about appreciating fresh flowers inside the house. The emergence of flower arrangement in Japan, therefore, came after the compilation of *Manyoshu*. The evolution of flower arrangement explains that the people's love for flowers, a Buddhist's affection toward living things, gifted water and vases, and furthermore, various trees and flowers used for rites as seen in *Manyoshu*, are all combined to make it an art.

Flowers for Interior and Exterior

Europe is located further north than Japan. Although the gulf stream brings a milder climate to places in the European Continent than those places at identical latitudes, there were no evergreen trees growing in Central and Northern Europe except for acicular trees. Camellias, azaleas and aucuba, which are commonly planted in Japanese gardens hardly grow in these parts of Europe. This may be another reason for the hedge not having developed in Europe.

But this is not one only reason. In New Zealand, I found camellias and azaleas blooming in the garden of a house in the suburbs of a big city with a similar climate with Japan. As I admired the flowers while I passed by the house, the lady of the house invited me in, and showed me other flowers in the room. Flowers were beautifully decorated on the table. Seeing the garden from the window, I suddenly noticed that the flowers in the garden were much more beautiful when viewed from the road. The fence of the house was low, enabling passers-by to enjoy the view of the flower-filled garden. The flowers in the garden are meant for people passing by the house as well as the family members.

This reminds me of people in Europe who display potted flowers such as geraniums at the window side of their houses.

One of the purposes of the Japanese hedge is to separate the house and family from the outside world. A garden and flowers are to please the eyes of family members and limited people visiting the family.

In contrast to this, garden flowers in Europe are not separated and hidden from others' eyes, but rather, open for anybody to appreciate.

This difference of decorating flowers lies in the bottom of flower culture between Europe and Japan. In China, like in Japan, they used to grow flowers in pots in the yard of the house compound surrounded by walls and fences.

The typical art of this exclusive plant growing is *bonsai* (potted dwarf trees). The trees grown in a closely limited space have distinctive style. Though they are devoid of natural size, they present endless imaginary expanse for viewers. It could be said that *bonsai* is the essence of plant-growing culture in Japan.

Potted dwarf plant-growing developed also in China. There, rocks are always arranged to show the depth of mountains. It is generally called a miniascape. Old Japanese paintings show that Japan first started this miniascape under Chinese influence.

This was later refined to produce a space only with a tree without the help of rocks.

The Source of Flower Design in Japan

●

Flowers Stuck in the Hair is the Origin of Flower Accessory

The representative flower arts of Japan, fresh flower arrangement, *bonsai* and hedge, all have a common point with topiary art and flower designs developed in other countries in that either of them uses scissors to trim excessive branches and leaves. Materials are restructured, given new life, and enhanced as arts in all cases.

Both in the East and West, one and the oldest reason of decorating flowers is to offer them to God, the Buddha, the spirits and the dead. People attempted to communicate with God, the Buddha and the spirits through flowers. As one such means, people decorated themselves with sacred flowers and plants.

In ancient Egypt, a water lily was a symbol of the Sun God, and Osiris who judged the dead was also decorated with water lilies. In a section of the famous Book of the Dead called Anni's Papyrus, it is written that Anni's wife had a water lily stuck in her hair.

The custom of decorating flowers in women's hair was seen in the early days of Japan, according to *Kojiki* and *Manyoshu*. In *Kojiki*, the oldest historical record of Japan, there is a part where a god was calling on people to wear a branch of a kind of oak tree on their heads. Also in *Manyoshu*, a poem tells us that a Shintoist priest was wearing a common clubmoss and the Emperor's close associates were wearing a fruit of mandarin orange (*Citrus tachibana*) on their heads.

All these trees belong to the evergreen family. Admiration of evergreens as the source of vitality is common to the Greeks (Grecial laurel), the Romans (Myrtle), duidism of the ancient Celts (mistletoe, *Viscum album*).

Flower Accessories of People in Manyo Period

In *Manyoshu*, sticking and other ways of decorating flowers in the hair or on the head are sung in poems.

The kerrias, wisteria, cherry flowers, Japanese apricots, pears, bush clovers, and *Daianthus superbus* are described as having been used for the hair.

The bush clover appears most frequently; of 141 poems, 7 are about hair accessories. Of them, 4 poems clearly express the flower used for hair accessory for men. There is no indication that the flower was used for accessory by women.

Among nearly 50 poems about cherry trees, 2 poems are on using flowers as accessory.

Prunus mume also appear in 118 poems, the second highest frequency next to bush clovers, and among which 10 are about sticking a branch in the hair by men.

Not only plants with beautiful flowers, but also trees with not so conspicuous flowers such as a white cedar (*Chamaecyparis obtusa*) a mistletoe (*Viscum album* var *lutescens*) and a willow tree are used for the same purpose. The mistletoe was considered as a symbol for longevity. When a mistletoe lives upon a diciduous tree it can keep itself green during the winter, hence the spirit of a god was believed to dwell in the tree.

The white cedar also must have been associated with longevity as it is evergreen and grows tall. Compared with these two, the use of the willow tree is considered to have been influenced by thoughts from China. The combination of the Japanese apricot and the willow tree introduced from China supports this fact. The willow tree in China is the first to bud in spring, thus, it was seen as a holy tree associated with the revival of life.

This is clearly indicated in a poem in *Manyoshu* on using the plant for a hair accessory. That the willow tree was considered as a luck-bringer, a thought conveyed from China, and used for hair decoration among the upper class people,

is known from the fact that the plant is most often sung among the 17 species of plants appearing in *Manyoshu*. Later, the willow tree came to be used only for hair decoration apart from the above concept. Except for one poem, all the other poems on willow trees refer to men decorating the hair. Other plants used for hair decoration include the mugmort, common clubmoss and ears of rice and lilies.

The lily accessory, unlike the rest, is used inside the house. (This will be discussed later in connection with flower arrangement.)

Plants used for Modern Hair Accessory

Hair accessories later developed into decorations for a crown, a hat or a hairpin, and came to be used by common people. Hats ornamented with flowers and hairpins with flowers came to be women's monopoly.

It is seldom that men decorate their hair with flowers today, and the practice is observed by women at various rituals.

In a shrine in Nara, four shrine maidens dance before the sanctuary holding *lilium japonicum* in their hands, and a branch of common clubmoss in their hairs.

In one island of Okinawa, there still are virgins consecrated to a deity who conduct various rituals. In their rituals, they put the leaves of *Flagellaria indica* and *Psychotria rubra* in their hair.

Similar customs are practiced in the other islands of Okinawa, but plants used vary in each region such as *Ficus benguetensis* and *Ficus septica*. The same plant is often called by different names in different regions. The origin of such names can be thought to be "wearing something on the head". The trees used for religious rituals are all evergreen with small branches, which are suitable for using for hair decoration.

The Birth of Flower Arrangement

In spite of the many poems on plants in *Manyoshu*, there is not a single poem which tells about arranging fresh flowers, putting plants in water, or decorating flowers inside the house. There is a poem in which the author breaks off a bush clover and deplores the withering of the flower in a short time.

There seems to have been no practice to put a broken flower into water. The flower was left as it was after decorating it in the hair or looking around for some time.

Flowers were not brought into the house, as only two out of 1,500 and more poems on plants refer to appreciating lily flowers used for hair accessory in the room. From these poems, the lily is regarded as the first plant to be appreciated in the room, yet not in water.

The first record of putting a flower into water is seen in the record of Todaiji Temple (the oldest wooden structure in which Japan's largest Buddha image is located) of 752. Flowers offered to the Buddha image of the temple is described in the book.

Apart from flower offerings, a flower arranged in water is described in *Makurano-soshi*, compiled in 1001. A 1.5 meter-long branch of a cherry tree was put into a large blue vase near the handrail of an open corridor. Strictly speaking, appreciation of flowers inside the house was not adopted at this time.

In the same book, a poem of arranging a gentian is included. A poet Kino Tsurayuki sings a poem on putting a cherry branch into a vase. From these writings, arranging flowers in a vase with water appears to have started during the Heian Period (794 — 1192).

Artificial Flowers in Manyo

Manyoshu provides a valuable information source about the lives of people in those days. As many poems are on plants and flowers, how people then used and came in touch with flowers and what sentiments they had toward flowers are well illustrated. During the period, artificial flowers were already in use. The emergence of artificial flowers is much earlier compared to the origin of such flowers in other countries.

In a poem on the occasion on a New Year banquet by aristocrats in 751, an artificial flower of fringed pink (*Daianthus superbus*) is read. The main guest of the party, Ohtomono Yakamochi, famous poet, was very fond of fringed pink. Out of 26 poems on the flower appearing in *Manyoshu*, 12 poems were by him. The artificial flower seems to have been prepared to please this guest.

There is almost no species of flowers which are made into dry-flowers in Japan. The humid climate of Japan is not fit for making dry flowers. That artificial flowers substituted for dry flowers in Japan is explicit in flower-decorated hats for festivals.

It is after the introduction of globe amaranth (*Gomphrena globosa*) in the Edo Period from China that fresh flowers were made into dry flowers. In a Chinese book on flowers (1688), flowers which do not die even in winter and are used by women to decorate their hair is recorded. The dry flower was recorded to have been conveyed to Japan during 1681-88 in a book compiled in 1733.

Garden Flowers in Manyo

Quite a few species of trees and flowers were cultivated in the garden in the Manyo era. 18 trees with beautiful flowers are reported. 11 of them are among Japan's native plants; *Camellia japonica*, *Kerria japonica*, *prunus* spp., *Deutzia crenata*, *Pieris japonica*, *Wisteria floribunda*, *Hydrangea macrophylla* f. *macrophylla*, *Melia azedarach*, var. *subtripinnata*, *Albizzia julibrissin*, *Lespendaza* spp., Azalea, and 7 others imported from China are; *Prunus mume*, *Prunus persica*, *Prunus salicina*, *Prunus japonica*, *Pyrus serotina* var. *culta*, *Citrus tachibana*, and *Poncirus trifoliata*.

Six species of grass with beautiful flowers are found, and among them *Lilium* spp, *Daianthus superbus* and *Miscanthus sinensis* naturally grow in Japan. 5 poems out of 36 on *Miscanthus sinensis* are obviously on the plants grown in the garden. But it appears that houses were built where the plants stood already, rather than the owner of the house planting one.

As to plants imported from other countries, poems on such flowers as *Nelumbo nicufera*, *Celosia cristata*, and *Carthamus tinctorius* are found.

Other than the above, trees enjoyed as garden trees include *Pinus* spp. and *Phyllostacys* spp. and *Acer* spp. *and Salix babylonica* which were transplanted from China are sung in poems.

Although it is not clear whether it was used for appreciation or not, a *Zelkova serrata* tree was planted at the gate of the house of the above mentioned poet who liked fringed pink. There are not a few plants which were planted in the garden in memory of someone like a husband, wife or sweetheart. They include *Kerria japonica*, *Daianthus superbus*, *Lespendaza* var. *subtripinnata*, *Albizzia julibrissin*, *Wisteria floribunda*, and *Pinus* spp.

As mentioned in the above, 28 species of grass, flowering trees and garden trees were planted and appreciated in the immediate neighborhood of people in those days. Trees outnumbered grass with flowers. In spite of the variety of beautiful flowering grass, 16 species are read in poems. They were not adopted for growing in the garden.

In *Makurano-soshi*, imported flowering plants such as pinks (*Dianthus chnensis*), morning-glories (*Pharbitis nil,*) chrysanthemum, starworts (*Aster tataricus*), and ganges amaranth (*Amarantus tricolor*), were added to patrinias

(*Patrinia scabiosaefolia*), balloon flowers (*Piatycodon grand-florum*), gentian (*Gentiana* spp.), *Cymbapogon* and *Themeda japonica*, *Physalis alkekengi*, white fld. gourds (*Lagenaria siceraria*) and, viola spp. Together with Pau-townias (*Pautownias tomentosa*), tree peony (*Paeonia suffruticosa*) and cape jasmin (*Gardenia jasminoide*), gardens in the Heian Era became gay and colorful at once. In another famed book of the same period *The Story of Genji*, poppies (*Papaver somnifeum*), thoroughwarts (*Eupatrium*), and burnets (*Sanguisorba offcinalis*) which do not appear in *Makurano-soshi* are described. The gardens of the era must have been full of magnificence.

However, the development of the garden, in a way, meant the separation of flowers from nature. Gardens in the Heian Era had low fences that people could easily pass over. From the windows, people could enjoy the view of fields and mountains.

As urbanization spread and cities were crowded with in-creasing population, houses came to be surrounded by higher hedges or walls.

Under such circumstances, gardens would become closed spaces.

Gardens in the Edo Period

As the garden became a closed space, the place for appre-ciating flowers was transferred, in a natural way, to the garden and the inside of the house. Fresh flowers started to be arranged along with green trees.

Their faith in evergreens made the Japanese develop spe-cial arts of gardening. They made the leaves as objects for appreciation. They planted trees of *fatsia japonica*, evergreen burning bush (*euonymus japonica*), Japanese aucuba (*aucuba japonica*) and maple (*acer* spp.) and enjoyed speckles appearing on the leaves, and variation of the shape of leaves. Later, the "art of leaves" "developed with *Heterotropa nipponica*, Japanese rhodea (*Rhodea japonica*), *Araisia Crenata*, sacred bamboo (*Araisia japo-nica*), *Nandiana domestica*, and even hobby clubs were organized among townspeople. Even the leaves of *Neo-finetia falcata*, dendrobium (*dendrobium monil*) of the orchid genus came to be appreciated. This is said to be the beginning of the leaf appreciating culture of today. In Europe in those days, the gardening aiming at appreciation of leaves of plants was nearly non-existent. Plants were grown in a greenhouse, but such luxury could only be afforded by the aristocracy, and not by the common people.

Flower Art of Contemporary Age

The flower arrangement that developed in Japan is an art of appreciating flowers. As it has been developed supported by water, it was on the other hand restricted by water. It was after World War II that the Japanese were freed from such restriction.

For one reason or another, the use of flowers as accessory was terminated after *Manyo* period. Further, the practice of wearing fresh plants as a way to communicate with gods was later made a taboo. It came to be believed that if one wore a fresh plant, the person would not be able to see his/her parents at their death bed. And there was a saying that if one wore a flower of camellia in the hair, he/she would die young. (*Folklore of Flowers* by Mitsuru Sakurai).

On the other hand, wearing flowers developed in Europe to decorate oneself. They developed this decoration as they were free from using water.

Nowadays, no taboo is believed in relation with flowers. Flowers are worn as accessories and decorated with and without water. The broad-minded way to decorate plants as practiced in the days of *Manyo* seems to have been restored, except for the fact that it was men who used plants for decorating themselves. There may exist, in a diversified means to enjoy the flowers of today, a bud of a new flower culture for generations to come.

COMMENT & CREATORS LIST

審査評
リスト

豊饒性「ウァニタス」の欠如
中山公男

Swelling-oriented Design
Kimio Nakayama

写真による審査だからとうぜんの話だが、最初の頃に比べて、ずいぶんと写真の質が向上した。明らかに本職のカメラマンに依頼し、撮影効果、印刷効果を充分に意識した作品が増えている。

しかし、それが審査規準の一部に入ることは事実としても、花をアレンジする、あるいは花によって空間をアレンジするということは別問題である。さらに、花のもつ実に多様な特性を利用して何かを訴えかけるということは、もっと別な問題に属する。そうした観点から見れば、必ずしも質が向上したとはいえない。平均化したことは疑えないが、才能の出現といった明確な向上は全くないとさえいえるように思う。

実をいえば審査員である私にもよくわからないのだが、さまざまな流派の活け花とフラワー・デザインの違いを強いて求めるとすれば、後者の方が、ヨーロッパ風のフラワー・デザインに近いということだろうか。その違いは、花のもつ豊かな官能性と、いわゆる「ウァニタス」の寓意性とを意識しつつ、ひとつの空間を占有し、自己主張することにあるように見える。ところが、審査でかなり好評な作品群、受賞作品の場合ですら、こうした観点からすれば実に物足りない。

話はちがうが、最近日本でももてはやされ展覧会なども開かれるフランス在住の南米の画家でフェルナンド・ボテロという人がいる。たいした画家ではないが、この画家の描く人物も花も、なにもかもたいへんふくらんでて面白い。存在の官能性を描くために、自然に肥っていくのですと彼は説明する。日本的な縮み志向ではなく、こうした「ふくらみ志向」とでもいえるほどの強さ、迫力、暴力性、豊饒性、そしてそれ故にこその「虚しさ」が、フラワー・デザインにも欲しいものだと思う。

◎

Certainly, photogenic effects of flower designs have been enhanced. But the act of arranging flowers, or designing a space with flowers is another thing. From such viewpoint, designs applied this year were hardly improved. There was no sign of emergence of a new talent.

Comparing with traditional IKEBANA, flower design seems to aim at occupying a space and expressing oneself while taking sensuality of flowers and an allegory of *varitas* into account. This was lacking even in the highly-evaluated works. Recently, Fernando Botero, a Latin American painter, became popular among the Japanese. Persons, flowers and everything in his paintings are fat. Botero explains that if he wants to depict sensuality, they swell out as a matter of nature. The strength, power, violent nature, fertility and *vanitas* as a result of expressing such nature is most desired in flower design.

残念、最優秀賞なし
古畑多喜雄

作品のレベルが全般的にアップされてきたようにみえたが、よくみると写真が巧くなっただけで、インパクトのあるユニークな作品はあまり無かった。どちらかというとどこかで見たような、もしくは類型的なものが多かった。現代美術やいけばなを模索しているもの、ヨーロピアンのもつデコラティブを単に継承したようなもの、また、デザインよりも写真効果の演出性にたより過ぎているものなどが目についた。

入賞リストにノミネートされた作品のなかでは〝CREATED BLOSSOM PARTⅡ〟にみられるアートフラワーとパン粘土で創られたテクニックとその発想は面白い。写真ではサイズがわからなかったので、一瞬本物かと思った。次に多少問題点はあるが、ニラの花で律動を表出させた〝ざわめき〟、ざくろを的確に凝集させた〝朽と生〟、シンプルなコンポジションで決めた〝SAKURA〟、ミニアチュール的なレリーフと壁面レイアウトでまとめた〝はーい整列!〟などが印象に残った。〝フォーシーズン〟の連作は、巨大な花のもつ意外性と人物との組合せがややイージーなのが気になる。そこがねらいなのかも知れないが、もっとアメニティを感じさせる演出を見たかった。デザイナーの責任ではないと思うが…。〝無題〟の婚礼の花は、そのアレンジメントはともかく、すごくバランスが悪い。軽快な棚の上に、どうしてこんな大きなものをのせるのか理解に苦しむ。

不安定といえば〝白のバランス〟もそうだ。重ねた皿の上のライラックの処理にもう一工夫欲しかった。〝メロディーのあそび〟はデザインが未消化。今回、最優秀賞に該当する作品が無かったゆえんがこのへんにあった。いま、デザイン分野の領域の分解・融合化が同時進行しているとき、従来のフラワーデザインのもつ概念を越えたアクチュアリティのある新しい芽の胎動を私は期待したい。

◎

Regrettably, No First Price Winner
Takio Furuhata

The standard level of designs appeared to have enhanced at a sight. But it then proved that it was the level of photography that was improved. There were few unique designs which left an impact on me. Many of them gave me a déjà-vu feeling or they were stereotyped. Some seemingly quested after modern art or modern flower arrangement, some simply modelled after the decorative art of Europe, and some aimed at photogenic effects rather than the quality of design itself.

Among the candidate works for awards, the idea and technique used for ''Created Blossom Part II'' i.e., flower and flour clay were unique. Other impressive designs were ''Rustles'' in which rythmic movement was expressed by alliums, ''Decay and Life'' in which a pomegranate is properly integrated, ''Sakura'' with its simple composition, and ''Line up'' in which eggs and flowers are arranged and laid on the wall like a relief.

Today, the integration of different design sectors are in progress, a new awakening in flower design with actuality beyond the conventional flower design concept is badly desired.

寄せ算の花
横山 正

花の扱いには、ごく大雑把に言って、引き算と寄せ算の二つの方法があるとおもう。たとえばお抹茶の茶花は、引き算の美学によって成り立っている。初期の茶人たちは、その創り出した草庵小間の小振りの床にあわせて、花の種類と数を限ることで独自の美の世界を構築した。日本のいけばなは、いまなおこの発明に負うところが大きい。

いけばな、すなわち花を剪って容器に活ける行為の意識化、あるいは対象化は、もとより中国の文人の雅遊に起因するものだが、この中国において行われた花の扱いは、日本の場合とは対照的に、盛花はもちろん、たとえ一輪の花を細首の花生に挿す場合でも、つねに寄せ算の美学に拠っていた。

引き算と寄せ算という二つの方法を比べた場合、いずれも風格あるレベルに達するのは難しいが、それでも引き算の場合ならば、ある程度の修練によって、かなりの域まで到達することが出来る。これに対して寄せ算の美学に拠りつつ格調ある成果を得るのはまことに難しい。この点、いまに残るさまざまな絵の伝える中国の宮廷や文人の花のすがたは、たとえ絢爛たる牡丹の花を幾輪も重ねつつも、そこに見事なる風格を得てみじんのゆるぎも無い。

ヨーロッパにはじまるフラワー・アレンジメントの伝統も、またその起源においては寄せ算の方法に拠っていたとおもう。寄せ算の方法にはとにかく勁さがある。画家たちが描き出した豪奢な花の世界を見よ。しかしそこにもまた自からなる格がそなわっている。引き算と寄せ算、この何れの方法を採るにせよ、大切なのは格である。商業的な分野においても、最上のものには、やはりそれなりの格がある。創造の世界に最終的に求められるのは、つまるところそれと言って良いだろう。日本のフラワー・デザインであるからには、もちろん引き算の方法のうちにそれを追うものがあって当然である。しかしさらにはフラワー・アレンジメントの伝統をも踏まえて、寄せ算の世界に高い格調をたたえたものが現れて欲しい。少なくとも今回の作品群は、その意味では私にとって不満であった。

最後に今回現れたいろいろな形での人工の花について一言しておきたい。私はその入賞を認めた一人だが、それは花が主題である限りはあらゆる可能性を許容すべきだという考えによるものである。

◎

Flowers of Addition
Tadashi Yokoyama

There seems to be two principles in decorating flowers, addition and deduction. Japanese traditional flower arrangement in greatly influenced by the deductive principle of tea-ceremony flower arrangement. Chinese flower arrangement is based on the aesthetic principle of addition. European style of flower arrangement also appears to have its principle in addition. Be it based on additional or deductive principle, the essential importance in flower arrangement, or any creative work, is dignified beauty expressed. Through training, one can reach a certain level in case of the deductive principle. However, it is very hard to achieve such a level in the additional principle.

In flower design in Japan, the quest for such beauty could be based on the traditional deductive principle. But I strongly hope there will emerge flower designs with the dignified beauty of orthodox flower arrangement with additional principle. At least, the designs I saw for this occasion are far from being satisfactory.

印象に残った作品
わたなべひろこ

最優秀賞のないままに審査が終ったことはもの足りない気分であった。毎回話題になるのだが、一番望まれる本流の花の応募が少く結局今回も入賞対象作品が片寄る結果となり誤解を招くのではと心配される。

三つの優秀賞作品について述べてみよう。

〝ざわめき〟は構成と花立てのうまさ、まとめの手際よさで目を引いた。〝CREATED BLOSSOM PART II〟はユニークな発想で新鮮であったが、せめて花の部分だけでも本当のりんごの花であったら最優秀賞候補になったのではと惜しまれた。〝はーい整列!〟はCity感覚の洒落た作品でいい感性をもっている。今後軽妙に流れてしまわぬように気を付けて欲しい。

またフラワーデザイン賞の中から、〝メロディーのあそび〟は籐で編んだ5線の上に花音符をあしらった楽しく可愛い作品である。見方によっては軽すぎると評されるかも知れないが、気負いの多い作品の中で素直で、生活をエンジョイするフラワーデザインの一つの方向が見出せる。〝無題(日下恒子)〟のもてなしの心を托す卓上の花、同様の作品の中で一番洗練されていたが、〝無題〟とせず、イメージをエコーさせる題名をそえる心遣いが欲しかった。〝フォーシーズン〟の仕事は新しい可能性を提示するものと高く評価されたが、それだけに今後の仕事の質が問われよう。〝十和田湖のおいらせ川〟は光と影、花のシルエットとのハーモニーが美しい。〝朽と生〟は感性の鋭い作品だが、写真のトリックに凝りすぎてかえって損をしていると思う。

伝えたいことはまだあるが限られた紙面なので、個々への思いはこの位にして、これからも確かな技術の練磨と自然を愛する心を失わず創る喜びを共に続けて欲しいと思う。

◎

Impressed Works
Hiroko Watanabe

It was a little unsatisfactory that the screening ended up with no first prize winner. As in the recent past, application of most desired orthodox flower arrangements was few in number, to my great regret. The designs applied were inclined toward modern art. It is feared that the concept of flower arrangement might be taken wrongly.

Comments on the three award-winning designs:

"Rustles"—its composition, felicity of arranging flowers and coordination is outstanding. "Created Blossom Part II"—This has a unique and fresh design idea. If only the flower of the apple were a real flower…

"Line up"—a stylish design full of urbane feeling. Comments on some of the winning works of the Flower Design Award: "The Play of a Melody"—this may be criticized to be too light, but among other designs of over-eagerness, this frank and joyful design suggests one style of flower design.

"No title" for table decoration is the most sophisticated among the other similar designs. A title should be given to reflect the image.

"Four Seasons"—this is highly evaluated as it suggests a new potential in flower design.

"The River Oirase, the Lake Towada"—Light and shadow and the silhouette of flowers are in good harmony.

"Decay and Life"—this suggests the designer's keen sensitivity, but is too much dependent on photographic tricks.

I hope designers will continue to enjoy creation while trying to improve their technique and keeping their affection toward nature.

コンクール部門作家リスト
Designers List Of Open Application

雨笠雅博
3
東京都目黒区緑ヶ丘2-21-10 グリーンハイツ103 〒152 Tel.03-725-0774

雨宮明夫
22・40・41
山梨県中巨摩郡竜王町万才158-1 〒400-01 Tel.0552-76-0501

安東信子
117
東京都世田谷区南烏山3-22-16-404 〒157 Tel.03-305-0468

石川佳代子
120
三重県桑名郡多度町古野 〒511-01 Tel.0594-48-2411

伊藤昌代
99
札幌市西区手稲宮の沢273-21 〒063 Tel.011-681-6037

泉 玲子
77
東京都町田市鶴間1-8-4 〒194 Tel.0427-95-2224

井上恵美子
18
宮城県玉造郡岩出山町字二ノ構93 〒989-64 Tel.02297-2-0171

岩橋康子
98
愛媛県新居浜市西原町2-3-28 〒792 Tel.0897-37-3202

内山智恵
69
愛知県豊田市桜町1-1 〒471 Tel.0565-33-2611

熖硝岩富士子
75
愛知県豊田市月見町1-5-12 〒471 Tel.0565-33-0735

大原 香
51
名古屋市天白区原4-1613-203 〒468 Tel.0565-33-2611

大沼正吉
50
宮城県仙台市上杉1-1-8 〒980 Tel.0222-22-6970

岡 範子
72
香川県高松市西ハゼ町30 〒761 Tel.0878-65-5860

海津良子
61
静岡県清水市船越東町236-2 〒424 Tel.0543-53-1739

梶 登志彦
25
東京都北区王子本町2-24-1 〒114 Tel.03-906-8781

梶 裕季子
38
東京都北区王子本町2-24-1 〒114 Tel.03-906-8781

加藤幸子
49
横浜市港北区篠原東3-20-41 〒222 Tel.03-494-3429

河合正人
108
東京都目黒区下目黒6-17-6 〒153 Tel.03-794-6339

川嶋洋子
21
千葉県市川市原木1-19-14 喜峯マンション306 〒272 Tel.03-356-0367

川辺美智代
62
大阪府吹田市五月が丘東6番D-105 〒565 Tel.06-387-0174

川辺艶江
52
香川県高松市古新町10-1 〒760 Tel.0878-21-4703

岸 妙子
87・111
京都市山科区御陵牛尾町1-1 〒607 Tel.06-581-3071

北村佳代
91
東京都渋谷区恵比寿1-32-11 関山アパート202 〒150 Tel.03-443-5738

木村右子
112
和歌山県那賀郡那賀町後田179 〒649-66 Tel.0736-75-2371

工藤愛子
1・28・104
東京都品川区荏原4-4-12 グリーンプラザ303 〒142 Tel.03-784-5571

工藤順子
79
青森県八戸市吹上4-4-69 〒031 Tel.0178-43-6283

倉掛千鶴子
67
福岡市中央区高砂2-14-9 〒810 Tel.092-521-4248

くれじゅんこ
86
名古屋市東区砂田橋3-2-101-1208 〒461 Tel.052-721-0537

後藤勝子
119
三重県桑名郡多度町古野 〒511-01 Tel.0594-48-2797

齋藤宏美
6・7・8・9・23・24
大阪市南区安堂寺町2-6-6 清和マンション70B 〒542 Tel.06-763-2082

佐伯陽子
29
埼玉県新座市栗原5-6-8 ポート富士202 〒352 Tel.0424-21-1441

堺 稲波
42・43
東京都足立区千住河原町35-10 〒120 Tel.03-881-5715

坂本千恵子
76
東京都江戸川区南小岩4-10-25 〒133 Tel.03-659-4758

佐藤久美
45
宮城県仙台市本町1-13-23 〒980 Tel.0222-65-8739

佐藤洋子
82
宮城県仙台市鶴ヶ谷1-11-2 〒983 Tel.0222-51-0133

佐野こおこ
34
宮城県名取市名取ヶ丘3-25-3 〒981-12 Tel.02238-4-7087

柴垣勝子
47
奈良県生駒市山崎町20-15 〒630-02 Tel.07437-4-7335

鈴木和信
88
函館市万代町6-12 〒040 Tel.0138-41-9061

須藤みつ
55
東京都足立区西保木間1-15-6 〒121 Tel.03-884-2778

須渕小夜子
63
大阪府茨木市下穂積4-13-309 〒567 Tel.06-448-3070

十河公子
そごう
36
香川県高松市天神前10-1 〒760 Tel.0878-31-5228

高木芳江
66
東京都杉並区桃井4-9-9 コーポ桃井206 〒167 Tel.03-395-6543

高橋磨佐枝
74・97
千葉市畑町662-307 〒281 Tel.0472-72-5335

田中美千代
114
大阪府茨木市五十鈴町8-15 〒567 Tel.0726-34-0574

田宮佼子
15・93
東京都国立市富士見台3-12-503 〒186 Tel.0425-76-7576

たむらなおこ
16
群馬県勢多郡富士見村大字時沢1833-13 麓方 〒371-01 Tel.0272-88-6374

綱島キヨ
35
東京都足立区千住2-37 〒120 Tel.03-888-1648

中西葉子
115
和歌山市湊御殿3-5-5 ニューハイツみなと507 〒640 Tel.0734-32-6607

中森浩明
39・90
東京都青梅市東青梅2-14-2 〒198 Tel.0428-22-8638

なかやまれいこ
13・71・101
群馬県高崎市本町12 プティフールF・Dスタジオ 〒370 Tel.0273-26-7021

中家匠海
105・106・107
名古屋市千種区見附町2-6 平和第2マンション3-E 〒464 Tel.052-231-2004

波川眞澄
26
東京都世田谷区下馬1-53-3 〒154 Tel.03-795-5002

橋本美知
102
大阪市住吉区我孫子東2-9-3 マンションブルースカイ206 〒558 Tel.06-696-6664

原田芳美
37
東京都北区昭和町2-12-14 〒114 Tel.03-893-5244

日置千代
95
函館市中島町31-19 〒040 Tel.0138-52-6631

菱田美子
118
奈良市中山町西4-535-362 〒631 Tel.0742-44-2529

藤井時男
32
大阪府豊中市蛍池東町2-2-16 小田ビル303 〒560 Tel.06-853-2085

藤井みほ子
27
大阪府豊中市桜塚3-5-30 プレール桜塚B1 ラリック内 〒560 Tel.06-841-0176

ブツガン希美代
103・110
大阪府泉佐野市日根野1741 〒598 Tel.0724-67-0091

古郡博子
68
静岡県富士市伝法桜ヶ丘5-91 〒417 Tel.0545-35-3296

M

増成登志子
89
埼玉県八潮市伊草377-6-101 〒340 Tel.0489-97-1263

松井富美子
14・100
富山県滑川市赤浜550 〒936-01 Tel.0764-75-0520

松岡須磨子
92
大阪府高槻市下田辺団地B4-303 〒569 Tel.0726-74-4596

松橋ヒデ子
33・81
青森県八戸市根城4-3-3 〒031 Tel.0178-44-3845

三木三枝子
20・94
札幌市西区山の手7-5 〒063 Tel.011-631-6964

宮田美江
31
千葉県松戸市新松戸5-1-B-1112 〒270 Tel.0473-45-2266

森 美津子
53
香川県高松市鹿角町850-4 〒761 Tel.0878-85-2225

Y

矢倉多都留
113
大阪府茨木市中津町11-10 〒567 Tel.0726-33-3150

八島幸子
57
青森県八戸市糠塚字長久保29-76 〒031 Tel.0178-44-7128

山口慶子
17・19
大阪府堺市百舌鳥梅北町3-125 〒591 Tel.0722-52-0202

山下幾世
56
兵庫県西宮市上田中町18-35-308 〒662 Tel.06-202-1212

山下光子
54
青森県八戸市大字是川字田向13-10 〒031 Tel.0178-96-4031

吉井ゆ可里
109
大阪市天王寺区上本町6丁目 ハイハイタウン612 〒543 Tel.06-779-0416

W

渡辺智恵子
70・80
東京都足立区南花畑4-26-13 〒121 Tel.03-884-1892

ノミネート部門作家リスト
Nominated Designers List

青野幸子　59・83・151
東京都港区南青山1-26-13-207　〒107　Tel.03-405-6687
○青野幸子フラワーデザインスクール乃木坂教室・南柏教室主宰

阿部さやか　158・159
宮城県仙台市一番町4-2-15　高石ガーデン2F　〒980　Tel.022-223-3315
○阿部さやかフローラルセミナー主宰

池田孝二　122・123・124・125
東京都目黒区碑文谷5-25-6-201　〒152　Tel.03-710-4834
○フルールノン・ノン代表

板橋健子　44・169
宮城県仙台市緑ヶ丘1-3-34　〒982　Tel.022-248-3085
○東京フラワーデザイン研究会板橋健子フラワースタジオ主宰

市田恵美子　168
大阪府吹田市春日4-2-1-1121　〒565　Tel.06-384-5657
○ユリフラワーデザインスクール大阪ブランチ市田恵美子教室主宰

井上恵子　163
大阪市南区難波2-1-2　太陽生命ビル10階　〒542　Tel.06-211-9277
○井上恵子フローラルアートスタジオ同スクール主宰 大阪事務局・東京事務局

内山ゆり　147・148
名古屋市中区新栄1-2-1　〒460　Tel.052-241-1288
○ユリフラワーデザインスクール主宰

岡 桂子　4・131・132
山梨県甲府市中央3-9-11　セントラルマンション1003　〒400　Tel.0552-32-3334
○岡桂子フローラルスタジオ主宰

奥山幾代子　157
山梨県甲府市中央1-12-21　異人館　〒400　Tel.0552-32-3287
○フラワースタジオK主宰

尾崎悦子　166
大阪府堺市御池台3-8-5　〒590-01　Tel.0722-99-1367
○尾崎悦子フローラルアートスクール主宰

小野陽子　170
登別市緑町2-15-3　〒059-03　Tel.01438-5-7882
○小野陽子フラワーデザイン教室主宰

上白土洋子　153・154
東京都江東区大島3-31-18　〒136　Tel.03-681-9979
○エコールドゥフルール啓主宰

木下恵子　152
京都市下京区寺町通高辻下ル京極町482　葵ビル402　〒600　Tel.075-351-2922
○きのしたけいこフラワースタジオ主宰

日下恒子　11・121・174
仙台市五橋3-5-40　〒980　Tel.022-266-1751
○みどりやフローリスト経営

久保一正　133・134
香川県高松市番町1-2-6　〒760　Tel.0878-21-5449
○カトレア・フローリスト経営

小山光子　137・138
大阪府茨木市駅前2-1-25　清水ハイツ1階6号　〒567　Tel.0726-25-4282
○小山光子フラワーデザインスタジオ主宰

坂梨悦子　161・162
名古屋市中区栄4-14-6　アスタープラザビル605　〒460　Tel.052-241-8739
○坂梨悦子フローラルアカデミー主宰

佐藤雄喜　64・167
函館市松風町13-3　メルシャンハイム206　〒040　Tel.0138-26-9867
○雄喜フラワーデザインスタジオ代表 函館フラワーデザインアカデミー主宰

佐納和彦　144
東京都港区芝大門1-9-6　石ビル2F　〒105　Tel.03-431-8787
○日本フラワーデザインアートセミナー主宰 フラワーショップ経営

菅井康伊 172・173
東京都文京区千駄木3-22-11 〒113 Tel.03-823-8885
○やすいフラワースタジオ主宰

副島三煌 73・96・126
福岡市中央区舞鶴1-3-31-310 〒810 Tel.092-714-7365
○福岡フラワーデザイン教室主宰

田子千代美 46・60・165
群馬県前橋市千代田町4-1-14 美研フラワー内 〒371 Tel.0272-33-3434
○美研フラワーデザイン学院主宰

谷口貞子 12・155
名古屋市中区錦3-13-32 第4ワシントンビル1F 〒464 Tel.052-971-1870
○フラワーズ ピッコロ・モンド経営

なかむらふみ 5・10・65・129
東京都新宿区新宿1-3-8 YKB新宿御苑801 〒160 Tel.03-356-0367
○エフ・ブレーン代表

にしいたかこ 2・135・136
大阪府高槻市松ヶ丘1-10-16 〒569 Tel.0726-87-0372
○にしいたかこ花の教室主宰

初田照江 30・84・160
大阪市東区北浜4-14-317 淀屋橋ホワイトビル3F 〒541 Tel.06-204-4537
○アトリエViVi主宰

服部愛子 139・140
名古屋市北区金城1-2-E1307 〒462 Tel.052-981-8307
○ユリフラワー服部教室主宰

広瀬理紗 78・141・142・143
東京都新宿区新宿3-22-12 サンパークホール2F 〒160 Tel.03-354-7603
○リサ・フラワーアカデミー主宰

藤田留美子 164
三重県員弁郡北勢町麻生田3430 〒511-04 Tel.0594-72-2364
○藤田留美子創花教室主宰

星野好美 48・145・146
港区西麻布3-17-26 五洋ビル1F 〒106 Tel.03-423-0087
○星野好美フラワースクール主宰 フローリストGoyo代表

前田世美 149・150
新潟市南浜通1-373-3 チサンマンション南浜408 〒951 Tel.0252-29-0252
○世美・まえだフラワースクール主宰

丸本池鶴 116・127・128
大阪市北区堂島2-1-24 堂島アーバンスクェアー内 〒530 Tel.06-348-1236
○池鶴フラワーデザインスタジオ主宰

水野玉子 171
東京都港区赤坂7-5-34-71 〒107 Tel.03-584-5335

山崎克子 85・156
東京都足立区梅島3-43-20 〒121 Tel.03-840-4474
○総合フラワーアートスクール代表

山本基代志 58・130
香川県綾歌郡国分寺町新居1642-6 〒769-01

フォトグラファーリスト
Photographers List

天野公司 157
山梨県中巨摩郡昭和町西条3600 平安閣写真室 〒409-38 Tel.0552-22-1111

浅井佳代子 17・19
大阪市東区京橋3-3 保月ビル 〒540 Tel.06-941-9853

浅井美光 155
名古屋市千種区城木町3-29-13 〒464 Tel.052-762-5472

荒 拓也 170
室蘭市宮の森町4-15-16 〒050 Tel.0143-43-7677

井上 一 73・96・126
福岡市中央区平尾3-17-27 〒810 Tel.092-521-3471

岩村秀郷 28・104
東京都渋谷区千駄ヶ谷3-16-13 第一戸部マンション105 〒151 Tel.03-401-7834

大隈剛芳 102
枚方市牧野阪1-23-5 牧野駅前デパート2F スタジオペコ 〒573 Tel.0720-50-0671

大阪敬志 82
仙台市鶴ヶ谷2-8-1 〒983 Tel.0222-51-0133

大道治一 87・166
京都市中京区姉小路河原町東入ル 〒604 Tel.075-231-7576

奥野利郎 103
大阪市北区梅田2-4-9 〒530 Tel.06-343-1221

小鹿総一 56
大阪市北区鶴野町1-5 メタボ阪急11A Big Mooce 〒530 Tel.06-375-4603

小椋たかし 101
群馬県前橋市古市町133-20 メゾン立木201 〒371 Tel.0272-52-7753

尾沢直敬 75
愛知県豊田市平戸橋町波岩60-10 〒470-03 Tel.0565-45-5304

越智登志正 98
愛媛県東予市上市甲172-1 〒799-13 Tel.0898-23-8100

加賀慎二 20・94
札幌市北区北10西3 〒001 Tel.011-717-8313

風間耕二 14・100
富山市向新庄366-1 〒930 Tel.0764-51-8850

片貝一郎 60
群馬県前橋市南町3-10-1 〒371 Tel.0272-21-7792

川田捷介 31・55・85・156
東京都台東区浅草2-26-6 〒111 Tel.03-841-2406

岸 允信 89・171
東京都世田谷区千歳台2-2-2 〒110 Tel.03-484-2454

久留幸子 108
東京都渋谷区神南1-5-15 明治ハイツ5C 〒150 Tel.03-464-8889

呉 正和 86
愛知県名古屋市中区上前津1-1-3 〒460 Tel.052-332-2591

小坂 敏 119・120・164
三重県員弁郡大安町宇賀986-1 〒511-03 Tel.05947-8-2244

これむら
惟村雅幸 3
神奈川県川崎市宮前区土橋7-24-8 第1富士見荘102 〒213 Tel.044-854-9547

近藤英樹 118
奈良市神功町2-9-4 〒631 Tel.0742-71-3425

佐藤 茂 45・50・158・159
宮城県仙台市本町3-7-18 アドエースフォトスタジオ 〒980 Tel.022-263-2340

スーパー・スタジオ 152
京都市中京区烏丸通二条下ル ヒロセビル 〒604 Tel.075-256-2079

鈴木美幸 12
愛知県知多郡東浦町諸川霞狭間21-3 〒470-21 Tel.05628-4-0895

スタジオ・NOB 109・110・111・112・113・114・115・116
大阪市東区神崎町13 都住創ビルB1 〒540 Tel.06-768-6262

関 英治 16・46・165
群馬県佐波郡玉村町上之手1527-3 〒370-11 Tel.0270-65-5535

㈲仙台アートプロフィール 11
宮城県仙台市土樋1-11-7 〒980 Tel.0222-66-1751

高倉久美子 99
札幌市白石区もみじ台西5-1-12 〒061-01 Tel.011-897-3996

高野浩二 83
東京都中央区日本橋室町1-16-4 立石ビル ㈱写真のフォトアートスタジオ 〒103 Tel.03-241-7148

高橋 榮 23
大阪市東区道修町1-11 門川ビル405 アソシエイツ 〒541 Tel.06-231-0889

高橋哲夫 13・71
東京都港区西麻布3-21-20 霞町コーポ404 〒106 Tel.03-402-2432

高橋慶篤 161・162
愛知県名古屋市中区千代田5-2215 〒460 Tel.052-251-3601

高橋吉勝 44・169
宮城県仙台市大梶7-1 〒983 Tel.022-293-5467

高濱洋子 92
兵庫県多紀郡篠山町熊谷469 〒669-23 Tel.07955-2-2704

高村 規 25・26・35・37・38・41・42・43・61・70・76・77・80
123・133・134・139・140・144・147・148
東京都文京区千駄木5-20-6 タカムラフォトクリエーターズ 〒113 Tel.03-827-6401

宅島正二 29
東京都千代田区岩本町1-2-15 小田ビル 〒101 Tel.03-851-1509

田島 昭 142・143
東京都新宿区富久町16-9 御苑フラワーマンション503 〒162 Tel.03-358-6416

田中克治 36・52・53・72
香川県香川郡香川町浅野1318-4 〒761-17 Tel.0878-79-6388

田中孝臣 51・69
愛知県名古屋市名東区植園町3-12 〒465 Tel.052-782-3357

津波 裕 63
大阪市大淀区中津6-8-32 第2三井ビル3F バウハウス 〒531 Tel.06-458-6584

東條清憲 163
大阪市北区天満3-12-7 三光ビル スタジオタイム 〒530 Tel.06-351-4685

戸原伸一 30・84・160
大阪市北区西天満6-5-8 〒530 Tel.06-312-6757

長峰重良 67
福岡市東区原田2-28-28 〒812 Tel.092-621-6497

野呂希一 95
函館市柳町9-13 〒040 Tel.0138-51-2937

広瀬唯二 137・138
大阪市西区南堀江4-33-5 〒550 Tel.06-543-0407

深見守男 2・135・136
大阪市西区川口3-1-21 三番ビル 〒550 Tel.06-584-3678

福田匡伸 1・4・5・6・7・8・9・10・15・21・22・24・40・48・49・65・66
78・91・93・117・121・132・141・145・150・153・154・174
大阪市東区神崎町13 都住創ビルB1 〒540 Tel.768-6262
東京都港区西麻布2-13-15 パールハイツ横芝702 〒106 Tel.03-406-7448

藤井幹夫 62
大阪市北区角田町1-1 東阪急ビル内 ㈱大阪読売広告社 〒530 Tel.06-313-1321

伏見晃一 97
東京都目黒区下目黒2-20-23 第1高田ビル5F ㈱スプリング 〒153 Tel.03-495-5549

星川新一 168
大阪市西区江戸堀1-25-26 江戸堀ビル4F 〒550 Tel.06-446-0229

細木勝雄 172・173
東京都豊島区千早町4-25 〒171 Tel.03-855-0406

堀尾紫風 39・90
東京都青梅市河辺町6-17-6 〒198 Tel.0428-23-5311

松本寛明 27・32・127・128
大阪市浪速区幸町通り3-15 マナベハイツ桜川101 〒556 Tel.06-568-1126

松山高治 47
奈良市東向北町8 〒630 Tel.0742-22-6309

松山 均 68
静岡県富士市平垣340-1 〒417 Tel.0545-61-0069

丸山 勇 146
東京都大田区北千束1-59-6 〒145 Tel.03-718-0909

三村知能 74
東京都新宿区矢来町115 東海神楽坂203 〒162 Tel.03-267-0536

目黒樹雲 105・106・107
愛知県稲沢市正明寺1-11-21 〒492 Tel.0587-23-2041

山崎 潔 58・130
香川県高松市栗林町1-18-31 〒760 Tel.0878-33-3323

大和学一 59・151
東京都中央区日本橋室町1-16-4 立石ビル ㈱写真のフォトアートスタジオ 〒103 Tel.03-241-7148

弓納持福夫 149
新潟市上所上3-10-6 〒950 Tel.0252-84-2051

吉成守久 18・34
宮城県仙台市一番町3-3-19 〒980 Tel.022-263-2784

米内安芸 33・54・57・79・81
青森県八戸市荒町12番地 〒031 Tel.0178-24-6268

渡会准司 64・88・167
函館市美原2-40-20 〒041 Tel.0138-46-2592

三上插花研究所

姓名：三上朝風（華道名）

原籍：日本東京

資格：小原流二級家元脇教授（華道教授資格
　　　之名稱）

簡歷：自民國四十六年於台南首創插花教學，
　　　至今已有廿六年，所教學生已達數千名
　　　，學有所專者逾數百名，目前任教者也
　　　有數十位。

主旨：提昇插花藝術．美化生活情趣
　　　陶冶善美德行．服務貢獻社會

服務項目：

　　　A、小原流插花、西洋花（自由花）、
　　　　花束、裝飾花。

　　　B、各種人造花。

目前服務單位：

　　　台南市成功大學插花班

　　　台南市中區婦女會插花班

　　　台南市社教館插花班

　　　台南市電信局插花班

　　　台南縣新營市慧香插花班

　　　自設插花研究所於台南市中山路 23. 巷 3.

　　　號之 1

　　　　地址：台南市忠義路 90 巷 55. 號

　　　　電話：2251517

　　　　　　吳千惠（中文名）

Published by
RIKUYO-SHA PUBLISHING, INC.

Shizuoka Bank Bldg., No. 19-12, 2-Chome,
Shinjuku, Shinjuku-ku, Tokyo, Japan
Phone:03-354-4020

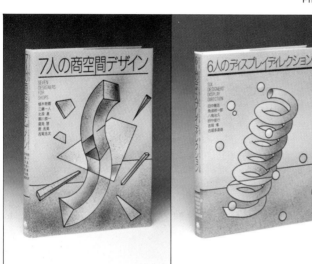

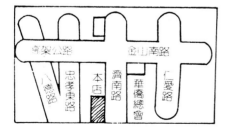

龍溪貿易股份有限公司
龍溪國際圖書有限公司
台北市濟南路二段17號　　TEL: 3946497-8

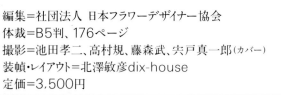

編集後記

1990年に"国際花と緑の万国博"の大阪開催が決定され、花と緑による環境造りはまるで社会風潮のように、全国を駆け巡っています。CF、広告媒体、装飾物として、街の中や生活の中に広い範囲で"花"が進出を始めています。

このような願ってもない状況の中で、私達フラワーデザイナーはどのような日常活動を行ない社会へアプローチしているのかを作品記録として残し、より新しい方向性を示すことが本書の位置付けであると考えております。

1980年から隔年ごとに発刊してきた本書も通巻4冊目となりました。この間、花をとりまく状況も変化し、情緒的で一過性の物として飾られることから、より創造的でより社会の感性に敏感に反応する媒体として、インパクトのある新しい価値が見直されています。

このような現状にあって、"花"をより感度の高い商品・作品として現わすフラワーデザインをアピールするためにも、本書の掲載作品は厳選された、レベルの高い作品によって編纂されなければなりません。その結果今回の公募に際し、全国からの応募作品473点のうち、入選175作品という厳しいことになりましたが、オリジナリティーの強い個性的な作品によって占められたと思っております。

審査は、まず第一次審査で、コンクール、推薦の別なく、全応募作品を対象に選考の結果、コンクール部門374作品の中から123作品、推薦部門99作品の中から52作品の合計175作品を掲載と決定しました。

次に、第二次審査会は、審査員に中山公男氏、古畑多喜雄氏、横山正氏、わたなべひろこ氏の4氏と、㈱NFDより西冨理事長、編集委員を代表して私が加わり6名によって開催しました。第二次審査会は、コンクール部門入選作123点の造型レベルの評価を中心に、まず6名の審査員が各々優秀作品7点を抽出することで始められ、その結果、33作品が候補としてピックアップされました。

これらの中から、特に審査員の支持の高かった上位3作品を〈優秀賞〉とし、つづいて審査員が作品を推挙、討議のすえ10作品を日本のフラワーデザイン賞入賞作とし、先の優秀賞3作品と合わせ13作品を決定。また同時に、他の作品を圧倒するような作品が今年はなく、全審査員の一致した意見によって「最優秀賞該当作品なし」という結果となりました。

次に協会側から参加した審査員として気付いた点を以下に述べます。

①"フラワーデザイン本流の花"がない事です。アレンジメントらしいアレンジメント、絢爛豪華なFDテクニックの凄さで見せる作品が少ないのはどうしてなのか。現在最も望まれるのは、これら"FD本流"としての花たちであり、これらこそが社会にアピールできるフラワーデザイナーの"花"では

ないかと考えます。ピリオド・デザインに属するダッチ&フレミッシュの作品が何点かありましたが、ヴァニタスのテーマが薄く、審査員の先生方の厳しい眼にかなわなかったのではないかと思われます。しかしながら、これらの方向は更に研究されるよう希望してやみません。

小手先の花の扱いとグラフィックは写真処理に負けない、オーソドックスな花の力量が見られる"本流のフラワーデザイン"での作品応募を強く望みます。

②"場の花・仕事の花"つまり商業美術にかかわる作品が少なかった事があげられます。フラワーデザイナーとして、日常活動における"現場の花"を掲載することと、その社会的評価が本書の主旨という点からも、該当作品が少ないことは残念です。日常活動の中で作品を記録することは困難かと思われますが、実際のデザイナーとしての活動の中での作品の積極的な応募を期待いたします。

③"たてる花"をテーマにした多くの応募作品がありましたが、過去の作品のバリエーションばかりで、独創性のある作品が少ないようです。"たてる"ということは、作家の思想によって"たてる"のですから、過去に誰も考えなかったことが大切です。単なるトリックやただ置いただけの花には、なんの魅力もインパクトもないという事を考え、今一度、真剣に花と対峙して欲しいのです。

④"美術的な花"。部分的なコピー作品が多いように思われます。自分の思想や方法で創られた作品を期待いたします。すでに"美術もどき"では意味をなさない情況です。申すまでもなく、デザインとはきわめて個性的な創造の産物です。"もどき"やコピーや安直な処理の"花"ではなく、個々の日常活動の中で、社会の感性に対応した生きた"花"の作品応募に期待いたします。

最後に、多種多様な作品を審査していただいた審査員各位、全国各地で協力いただいたカメラマン諸氏、また本書のために論文を執筆いただいた湯浅浩史先生、装飾・レイアウトに新たな力を振るっていただいた中谷匡児氏、そして協会の刊行意図を全面的にバックアップしていただいた六耀社のスタッフの皆様に深く感謝申し上げます。

昭和61年9月25日
社団法人 日本フラワーデザイナー協会
編集委員長
池田孝二

FLOWER DESIGNS
IN JAPAN
1986-1987
日本のフラワーデザイン

発行
1986年10月24日
定価
13,800円
編集
社団法人 日本フラワーデザイナー協会
株式会社 六耀社
ブックデザイン・構成
中谷匡児
カバー・表紙・扉撮影
川口 保
翻訳
林 千根
写植・版下
有限会社 大渕アート写植
有限会社 スタジオエール
編集担当
久保田啓子
発行者
橋本周平
発行所
株式会社 六耀社
東京都新宿区新宿2-19-12 静銀ビル 〒160
03-354-4020(代)
製版・印刷
日本写真印刷株式会社
製本
大口製本印刷株式会社
台灣總代理
龍溪貿易股份有限公司
台北市門市部 / 台北市濟南路2段17號
電話：3946497-8・3968502・3962293
郵撥：0102225-9號
郵政信箱：70-146號
發行日
1986年10月30日
法律顧問
呉振寶律師
本書由日本写真印刷株式會社承印，原版進口。
龍溪貿易股份
有限公司受原發行所六耀社株式會社委託，
爲本書之台灣總代理，
並向主管機構申請版權登記，
凡是盜印，剽竊，翻版等侵
犯本書權益者，將矛追究。

ISBN4-89737-055-8 C3070 ¥13800E